Снег и чернила

雪とインク

アムールの風に吹かれて 1989～2011

岡田和也

未知谷
Publisher Michitani

序　欠片《かけら》

住み慣れた露西亜から日本へ帰国する半年ほど前に、或る方から露西亜の想い出を綴るように慫《すす》められた際には、自分が露西亜の片隅で二十余年をただ暈《ぼんや》りと過ごしてきたように感じられ、また、記憶の絲を手繰《たぐ》る寄す処《が》となりそうな日記の類いもないので、どうしたものかと二の足を踏んでいましたが、肌理《きめ》の濃《こま》やかな回想には遠く及ばなくとも、追憶の頁を披《ひら》く鍵となりそうな一掬いの言葉を足許《あしもと》へ散り敷かせて、お弾《はじ》きのようなそれらの言葉へ向けて記憶の端《は》切れを掃き寄せていけば、継ぎ接《は》ぎながらも懐かしい露西亜が手品のように泛《う》かんでくれるかも知れない、などと蟲の好いことを考えて、貧しい言葉を手探りで紡いでみることにしたのでした。それでなくとも細《ささ》やかな想い出が、言葉にしたら忽ち消えてしまうかも知れないことには、目を瞑って。文集の名は、いづれも冴えないものながら、あれやこれや、泛《う》かんでは消えていきました。露西亜手帖、露西亜日記、露西亜百景、露西亜孑孒《ぼうふら》方丈記、露西亜ノート、露西亜スケッチ、露西亜ノスタルジヤ、アムール閑話、アムール交響楽、アムール散文詩集、ハバーロフスク回想、ハバーロフスク幻想、ハバーロフスク叙景。ちなみに、「叙景」は、ハバーロフスクのプーシキン通りの寓居の枕辺の短波ラヂオで佐藤泰志という函館出身の作家の『海炭市叙景』という未完の連作短篇小説のことを耳にしたときから、霧のように心に残っていた言葉でした。さんざん迷った末に、「雪とインク」という所収の一篇の題名を表題に据えて、「Снег и чернила」というその露譯と「アムールの風に吹かれて 1989～2011」という時空を示す副題を添えることにしました。

雪とインク　目次

IV 食

V 住

跋

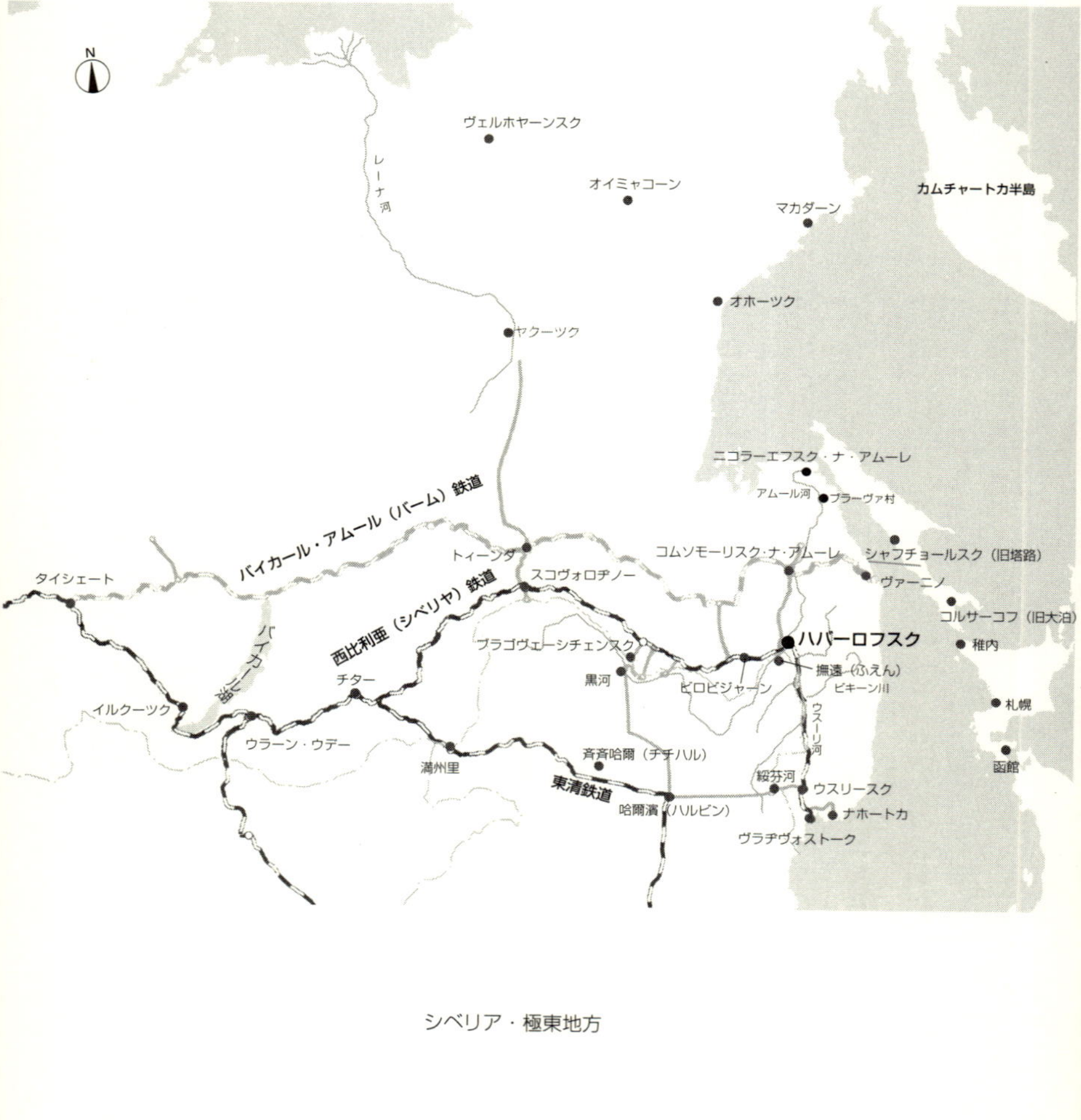
N
ヴェルホヤーンスク
レーナ河
オイミャコーン
カムチャートカ半島
マカダーン
オホーツク
ヤクーツク
ニコラーエフスク・ナ・アムーレ
アムール河
プラーヴァ村
バイカール・アムール（バーム）鉄道
トィーンダ
コムソモーリスク・ナ・アムーレ
シャフチョールスク（旧塔路）
タイシェート
スコヴォロヂノー
ヴァーニノ
西比利亜（シベリヤ）鉄道
コルサーコフ（旧大泊）
バイカール湖
ブラゴヴェーシチェンスク
ハバーロフスク
稚内
黒河
撫遠（ふえん）
チター
ビロビジャーン
ビキーン川
イルクーツク
札幌
ウスーリ河
ウラーン・ウデー
斉斉哈爾（チチハル）
函館
満州里
綏芬河
ウスリースク
東清鉄道
哈爾濱（ハルビン）
ナホートカ
ヴラヂヴォストーク

シベリア・極東地方

雪とインク

アムールの風に吹かれて1989～2011

Снег и чернила

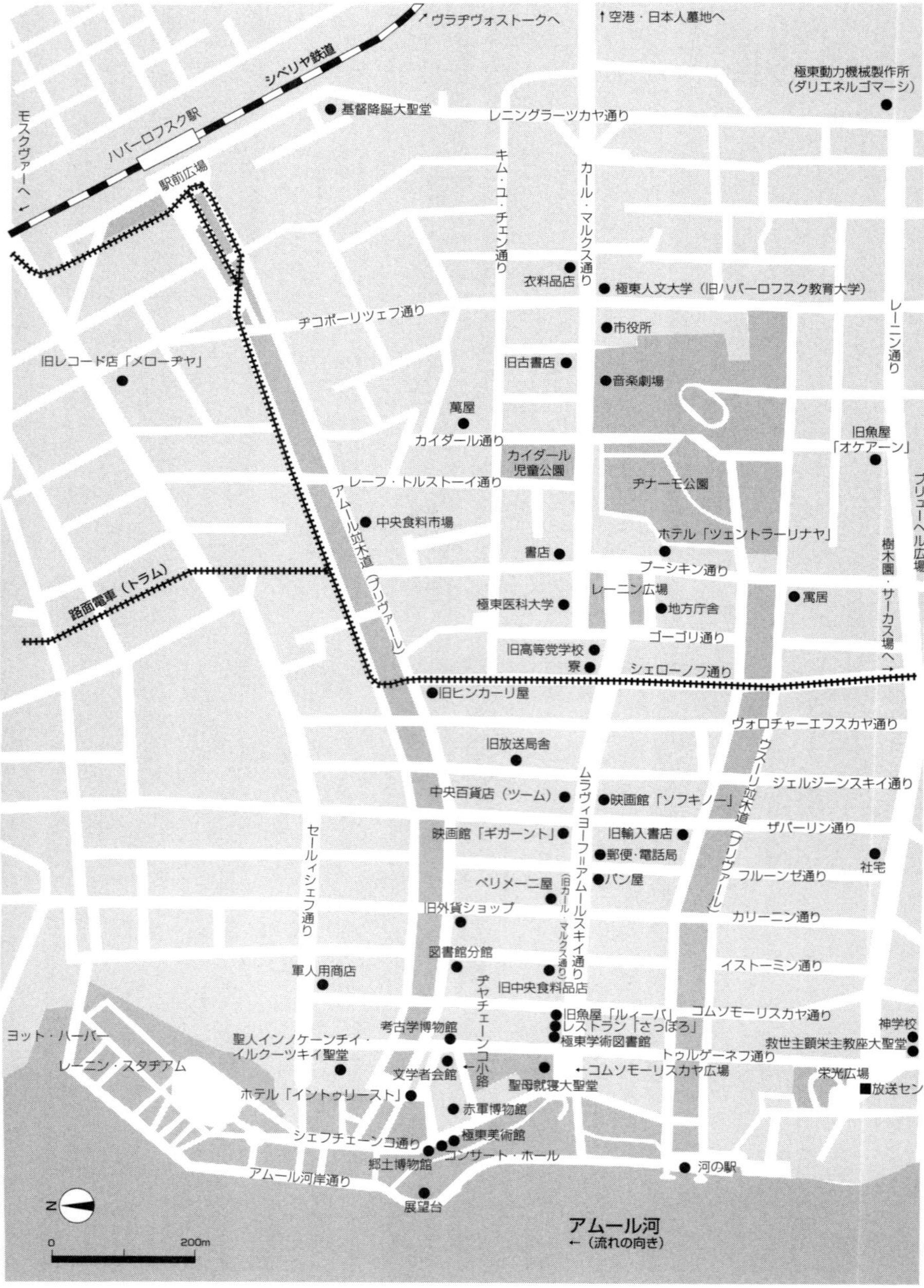
↗ヴラヂヴォストークへ
↑空港・日本人墓地へ
極東動力機械製作所
（ダリエネルゴマーシ）
シベリヤ鉄道
基督降誕大聖堂
レニングラーツカヤ通り
モスクヴァーへ←
ハバーロフスク駅
駅前広場
キム・ユ・チェン通り
カール・マルクス通り
衣料品店
極東人文大学（旧ハバーロフスク教育大学）
ヂコポーリツェフ通り
市役所
レーニン通り
旧レコード店「メローヂヤ」
旧古書店
音楽劇場
蔦屋
カイダール通り
旧魚屋
「オケアーン」
カイダール
児童公園
レーフ・トルストーイ通り
ヂナーモ公園
ブリューヘル広場
アムール並木道（ブリヴァール）
中央食料市場
ホテル「ツェントラーリナヤ」
樹木園・サーカス場へ→
書店
プーシキン通り
路面電車（トラム）
レーニン広場
極東医科大学
地方庁舎
寓居
ゴーゴリ通り
旧高等党学校
寮
シェローノフ通り
旧ヒンカーリ屋
ヴォロチャーエフスカヤ通り
旧放送局舎
ウスーリ並木道（ブリヴァール）
ムラヴィヨーフ=アムールスキイ通り（旧カール・マルクス通り）
ジェルジーンスキイ通り
中央百貨店（ツーム）
映画館「ソフキノー」
セールィシェフ通り
映画館「ギガーント」
旧輸入書店
ザパーリン通り
郵便・電話局
社宅
ペリメーニ屋
パン屋
フルーンゼ通り
旧外貨ショップ
カリーニン通り
図書館分館
イストーミン通り
軍人用商店
旧中央食料品店
ヂヤチェーンコ小路
旧魚屋「ルィーバ」
コムソモーリスカヤ通り
ヨット・ハーバー
考古学博物館
レストラン「さっぽろ」
神学校
聖人インノケーンチイ・イルクーツキイ聖堂
極東学術図書館
救世主顕栄主教座大聖堂
トゥルゲーネフ通り
レーニン・スタヂアム
文学者会館
←コムソモーリスカヤ広場
栄光広場
聖母就寝大聖堂
■放送センター
ホテル「イントゥリースト」
赤軍博物館
極東美術館
シェフチェーンコ通り
コンサート・ホール
郷土博物館
河の駅
アムール河岸通り
展望台
N
アムール河
←（流れの向き）
0
200m

ハバーロフスクの街

Ⅰ　渡露

筆

渡露までを一筆書きで振り返りますと、私は、一九六一年の冬に埼玉県の浦和という町で生まれ、中学へ上がる春に県内の白岡という町へ越し、県東の春日部という町の男子高では、私たちがここに居合わせることは奇蹟に他《ほか》ならないという意味の担任の数学の先生の言葉に首肯《うなず》いた後《あと》は、専ら蹴球《サッカー》に現《うつつ》を抜かし、いつしか数学から哲学へ心が移り、なんとか東京の私大へ入り、ふとした弾みで露文へ進み、どうにか一年留年して卒業し、恩師M先生ご夫妻の紹介で東京・神田神保町のソ連盤・総輸入元の『新世界レコード社』に就職し、一九八九年の秋に『莫斯科《モスクヴァー》放送』（ソ連国家テレヴィ・ラヂオ放送委員会・国際放送編輯総局、露西亜国営ラヂオ放送局『露西亜の聲』の前身）のハバーロフスク支局にアナウンサー・翻譯員として入局し、露西亜語と日本語の海に翻弄され、職場の同僚と細《ささ》やかな所帯を持ち、二〇一〇年の夏に局の再編に伴って退局し、二〇一一年の春に日本へ移り住みました。

指

あれは、大学一年の夏休みでしたか、或る晩、ふらりと埼玉の実家を出て、盛岡行きの夜行列車に乗り、持て余していた自分から逃《のが》れるように独り當てもなく北へ向かったことが、ありました。盛岡駅の近くの喫茶店で啜った朝の珈琲、青森行きの鈍行列車から眺めた宮澤賢治の童話の世界を想わせる丘阜《きゅうふ》、太宰治に憧れて龍飛崎まで足を延ばして飛び込みで泊めてもらった民宿、給仕《きゅうじ》のお婆さんの津軽弁がさっぱり聞き取れないながらも拉麺《ラーメン》に有り附けた三厩《みんまや》港の食堂、松前半島の福島へと海峡を渡った小さな貨客船《フェリー》の甲板を撫でる潮風、函館で乗り換えた列車の窓《まど》を流れる本州とはどこか違う北海道の空気や佇まい。昏《くら》い晩に着いた札幌駅の案内所で紹介された安宿に泊まった翌朝、ビル街の地下の喫茶店で朝食セットを註文して備え附けの新聞に目を通し、店を出るときに「時計台へは、どう行くのですか。」と訊ねると、年上のレジの女性が、私の腕を把《と》るように階段をとんとんと上《のぼ》り、躰を預けるように重たい遮光硝子の扉を押し展くと、時計台のほうを指差して道を教えてくれるのでした。夏の朝日が眩しくて小手を翳した紫丁香花《リラ》のようなその笑顔は、北都の爽やかな想い出として今も瞼裏《まなうら》に泛《う》かびますが、異郷で出遇う見知らぬ人の然り気《さげ》ない心遣いには、その町やその国の印象や心象をころりと覆してしまう魔法の力があるのではないでしょうか。

狼

少女の吐息のような白い時計台を目にした後《あと》は、誰にも内緒で遠足へ出掛ける気分で、大通公園から地下鉄で円山動物園へ向かいました。平日の午前中で人影も疎らな園内の緩やかな坂をぶらついていると、西比利亜《シベリヤ》狼の檻の前で足が止まり、片想いの女性を想わせる石英のようなその眼に吸い寄せられました。心の針が北へ振れていた私は、冷たい極光《きょっこう》を寓《やど》したその眸の三稜玻璃《プリズム》を通して、仄かな憧れを抱き始めていた未知なる露西亜へ想いを馳せていたのかも知れません。帰国後、かれこれ三十年振りに連絡が取れた大学時代の級友で新聞記者になっていた友人から届いた便りには、「札幌にきて一年半あまり。それなりに街には詳しくなった。ここは本當にいいところだ。」とありましたが、私は、ソ連へ渡った頃の自分を想い出して、「ハバーロフスクにきて一年半あまり。それなりに街には詳しくなった。ここは本當にいいところだ。」と鸚鵡返しに独り呟いたことでした。そして、その数ケ月後に札幌での小宴で久闊を叙したその友人の口から「彼には、学生時代から浮き世離れしたところがありまして……」という私についての言葉を耳にしたときには、ただ首肯《うなず》いて項垂《うなだ》れるばかりでした。

露西亜との出遇いは、ふとした瞬間に訪れました。大学一年の初夏でしたか、学生街の喫茶店で、この夏休みには西比利亜《シベリヤ》鉄道で旅をしてくると愉快そうに話す同じ学部のT先輩の眸の奥に何もない平原が広がったとき、私は、どこか洞《うつ》ろで投げ遣りな自分の心に露西亜への憧れが芽吹くのを感じ、それ以来、いづれは西洋哲学を専攻する心算《つもり》で入学時に独逸語《ドイツ》を第一外国語に択《えら》んでいたものの、少しづつ露西亜文学に親しんだりソ連映画祭へ足を運んだりするようになりました。そして、原則として露西亜語履修生でなければロシア文学専修（露文）へは進めないことになっていたものの、一年の学年末に全部で十八の専修からいづれか一つを択ぶときに露文の主任教授であられたK先生の研究室を畏る畏る訪ねて来意を告げると、先生は、温顔に柔和な笑みを泛《う》かべて「そうしたお気持ちがおありでしたら、どうぞ、どうぞ。」と仰って無条件に歓迎してくださったので、私は、二年へ上がる春休みには、一月ほど自宅に籠り、S先生の『初歩のロシア語』というとても解り易い文法書に目を落としながら、キリール文字《キリーリツァ》のアルファベットを独りでゆっくりと口にしたりしていました。露文へ進んでからは、友人が所属していた『バルビゾン絵画会』という美術のサークルへ幽霊さながらに出入りしたり、『コンツェルト』という在京の学生が寄り鳩《あつ》まった露西亜語劇のインターカレッジ・サークルでアントーン・チェーホフの『鷗』の稽古などに現《うつつ》を抜かしたりしていました。そんな学生時代の終わり頃に、友人と二人で北海道を国鉄の周遊券で旅したとき、無理やり押し掛けた私たちを自宅に一晩泊めてくれた稚内の従兄が、「達磨《だるま》」（サントリー・オールド）の水割りを舐めながら「行きたいなら、行けばいいよ。」とぼそっと云ってくれましたが、北大の探検部の部長だった人らしいそんな一言も、ソ連へ渡る私の背中を押してくれたのかも知れません。余談ながら、T先輩が乗った西比利亜鉄道の列車には、私が後《のち》に知り合うことになる三人の方も乗り合わせており、そのうちの二人は、後に北海道新聞の記者になられ、その二人のうちの一人は、この従兄の探検部の後輩とのことで、人の縁の不思議を想ったことでした。

緑

渡露の前には、東京・神田神保町の古書センターの六階の奥にあった『新世界レコード社』というソ連の全連邦レコード会社『メローヂヤ』からナホートカ航路で音盤を輸入する店舗を兼ねた会社で、働いていました。そこは、露西亜やソ連の音楽を愛する人たちが自然と鳩《あつ》まって気儘に交流するサロンのような雰囲気を湛えていて、紫烟や珈琲の馥りがいつも漂《ただよ》っており、窓を開けて下駄を脱いで夏の暑さを愉しみながら店番をしていると「冷房、入れてくださいな。」と手巾《ハンカチ》で汗を拭う定連さんから促されたり、奥の部屋で在庫を整理するために店を空《から》にしていると「盗難は、大丈夫ですか。」と風《ふり》のお客さんから心配されたりする、実に風通しの好い一隅でした。余談ながら、掻っ払いならぬ酔っ払いが絨毯の床で転《うた》た寝をしていったこともあるそうで、スラヴ風の刺繍が施された卓布《クロース》の掛かった円卓に置かれて音盤の陳列函《ケース》に柔らかな蔭を落とす護謨《ゴム》の木の鉢植えは、その御仁《ごじん》がお詫びの印《しる》しに後で届けてくれたもの、とのことでした。蛮殻《バンカラ》で心優しいT社長の温情に甘えつつ六年ほどのほほんと働かせてもらってきたそんな都心の緑苑《オアシス》には、深い愛着がありましたが、そろそろ三十に手が届きそうな私は、「行くなら、今しかないよ。」という心の囁きに誘《いざな》われて、日本を離れることにしたのでした。

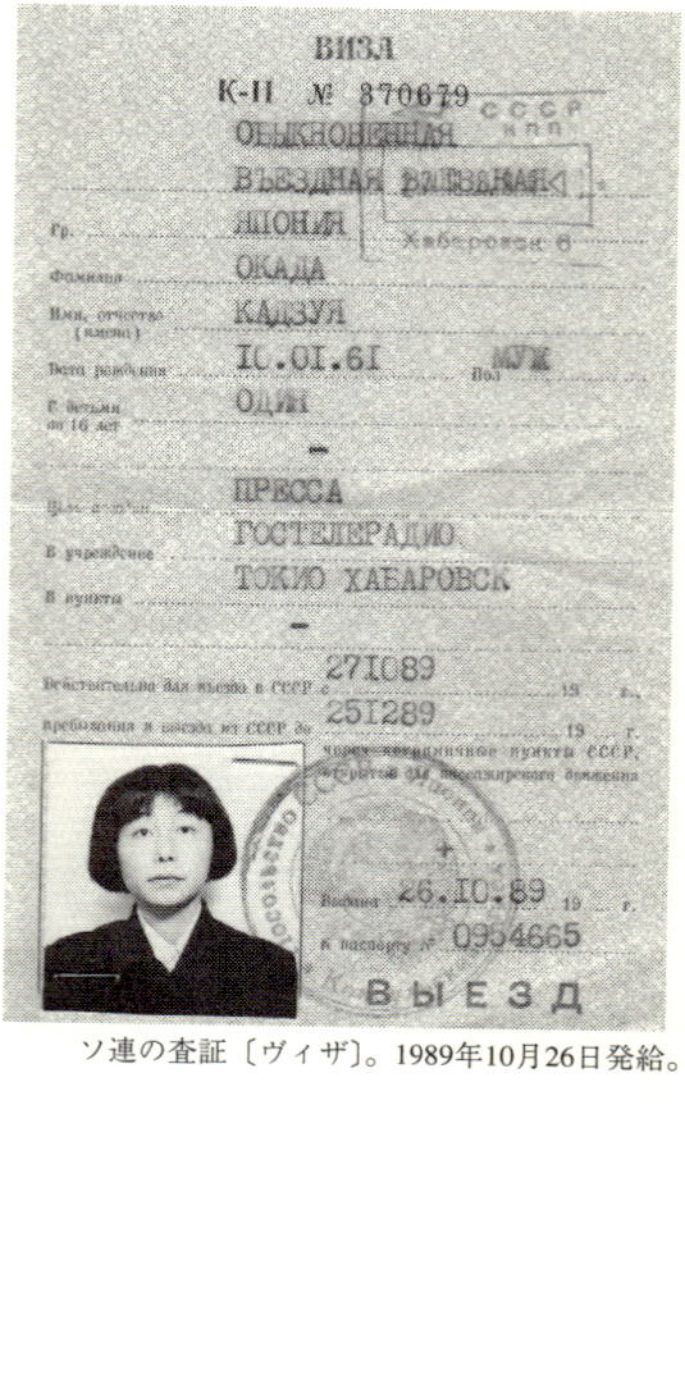

ソ連の査証〔ヴィザ〕。1989年10月26日発給。

水

その頃の私は、萍《うきくさ》か孑孒《ぼうふら》のように、言葉と躰の合《あわ》いをふらふらしていたのかも知れません。四人で創刊して自分は「垂れ流し」と揶揄されながら詩を書いたりブラート・オクジャーヴアやヴラヂーミル・ヴィソーツキイといったソ連の歌う詩人《バールド》の詩の翻訳を試みたりしていた『摩堊耶《まあや》』（七月堂）という同人誌から徐々に心が離れ、筑波大学の藝術専門学群へ進んだ高校時代の友人に誘われて筑波のクリエイティヴ・ハウス『AKUAKU《アクアク》』での石井満隆さんや岩下徹さんの舞踏ワークショップに月に一度ほど参加したり、土方巽さん亡き後《あと》の目黒の『アスベスト館』での石井満隆さんの舞踏ワークショップへ週に一度ほど仕事の帰りに通ったりしていた私は、愚かにも自ら転げ落ちた言葉の沼から匍い上がろうと足掻いていたのかも知れません。それらのワークショップでは、参加者は、躰を無理に動かしたり型に篏めたりすることなく想い想いに自分や相手の心の聲に耳を澄ましながら動いたり動かずにいたりするのでしたが、その容子《ようす》は、どこか草の葉に寓《やど》る露がぽろんと結ばれたりぱらんと離れたりするのに似ていました。そんな水の滴《しずく》のことを想っていると、社会人になってからも早稲田界隈のアパートを部室代わりにして学生たちと八粍《ミリ》映画を制作して『ぴあ』のフェスティヴァルに応募したりしていた頃に六本木の映画館『シネ・ヴィヴァン』で固唾を嚥《の》んで観たアンドレーイ・タルコーフスキイ監督の映画『ノスタルジア《ノスタリギーヤ》』に登場する畸人ドメニコの陋居《ろうきょ》の壁に落書きのように記されていた「1＋1＝1」という数式が、ふと瞼裏《まなうら》に泛《う》かんできます。

余談ながら、舞踏と云えば、一遍だけワークショップではなく公演の舞台に佇《た》たせていただいたことがありました。それは、ソ連へ渡る直前の一九八九年の秋に京王線の明大前駅の傍の『キッド・アイラック・アート・ホール』で催された即興表現の公演で、草臥れた白襯衣《ワイ・シャツ》を着て柔道着の下の衣《ころも》を穿《は》いて白粉《おしろい》を顔に少しだけ塗《まぶ》した私は、石井満隆さんの門弟の鈴木真理子さんと大正琴奏者の竹田賢一さんと東京藝大の彫塑の青年と共演し、琴の音《ね》や粘土の飛泥《はね》や観客の視線を浴びながら、心の赴くままに一時間ほど無言で息を吐《は》いたり吸ったり止めたり身を起こしたり倒したり転がしたりしていただけでしたが、公演後にホールの支配人から五千円の謝礼を戴いたのを憶えています。なお、「生《き》の藝術」とも「アウトサイダー・アート」とも呼ばれる「アール・ブリュット」なる藝術があることを知ったのは、二〇一一年に露西亜より帰国してからのことでした。

霧

人には、霧に包《つつ》まれたものや面紗《ヴェール》に匿《かく》されたものほど覗きたくなるようなところが、あるのではないでしょうか。ソ連を覗いてみたいという私の気持ちは、西側を覗いてみたいというソ連の人の気持ちと同じく、極く自然なものだったのかも知れません。私には、「鉄のカーテン《ジェレーズヌイ・ザーナヴェス》」という常套句《クリシェー》はどこか取って附けたもののように想われ、異邦人とて根っこや尻っぽは同じだろうと察せられ、それを肌で感じてみたいという気持ちもありました。泡沫景気《バブル》に沸いて街そのものがスロット・マシンと化してしまった感のある都会の喧噪や言葉の氾濫に倦み疲れてしまった私には、暫く日本や日本語から遠離《とおざか》りたいという想いがあって、露西亜というキリール文字《キリーリツァ》の曠野が一つのメルヘンのように感じられたのかも知れません。或いは、いつまでも羽化しない孑孒《ぼうふら》か四肢の生えない蝌蚪《かと》みたいな私にとって、ソ連という異国へ渡ることは、日本という母国からの体《てい》の好い逃鼠《とうざん》であり、露西亜の地は、手負いの羝羊《ていよう》が敗走するための霧の森であったのかも知れません。

駅

ソ連軍がアフガニスタンから退き、独逸《ドイツ》で伯林《ベルリン》の壁が毀《こぼ》たれ、捷克《チェコ》で天鵞絨《ビロード》革命が勃《お》こり、アレクサーンドル・ソルジェニーツィンの『収容所群島』が本国で禁を解かれたのが、一九八九年。その年の十月二十六日の小春日和の午后、神田神保町の交叉点で『新世界レコード社』のT社長とお別れした後《あと》、御茶ノ水駅の歩廊《プラットフォーム》で紺色の買ったばかりの空《から》の旅行鞄《スーツケース》を脇に置いて友人と神田川を眺めながら檸檬色の電車を待っていると、学生の時分に、ニコラーイ・ドブロリューボフの作品を講読する文学評論の授業を受けさせていただき、身勝手なお願いをして露西亜語劇の『鷗』の稽古を観ていただき、奥様のSさんと共に『新世界レコード社』への私の就職のお世話までしてくださった、痩身のM先生と、ばったり出遇いました。「明日《あした》、新潟からハバーロフスクへ発ち、三年ほど『莫斯科《モスクヴァー》放送』の支局で働いてきます。」と私が云うと、M先生は、「『論拠と事実《アルグメーンティ・イ・ファークトィ》』紙を読むとソ連は大変なことになっているらしいのに、なんでこんなときに。」と呆れた容子で世話の焼ける教え子の身を案じてくださるのでしたが、本人は、他人《ひと》事のようにぽかんとしているのでした。爾来、休暇《オートプスク》で帰国して一月ほど白岡の実家に寄寓するたびに浦和辺りでM先生と一盃遣りたいと想いつつ、歳月は流れていきました。大宮のI先生が電話で斎場を知らせてくださった北浦和でのM先生の告別式の日まで。その後、ハバーロフスクの寓居で月刊誌『外国文学《イノストラーンナヤ・リチェラトゥーラ》』（二〇〇〇年・第一二号）に掲載された舞台・映画俳優セルゲーイ・ユールスキイさんの『ネクタイをしない人——宮澤さんを偲んで（Человек без галстука: памяти Миядзавы-сан）』という追悼文に出遇い、その拙譯を東京の群像社のSさんへ郵送したことがありましたが、その記事に添

宮澤俊一先生と親交のあった舞台・映画俳優セルゲーイ・ユールスキイさんと。2001年9月15日。ハバーロフスクの音楽喜劇場の楽屋で。

えられた写真に映っている白襯衣《ワイ・シャツ》にノー・ネクタイのM先生の笑顔には、あの懐かしい含羞《がんしゅう》が滲んでいるのでした。余談ながら、その翌年には、ハバーロフスクへ公演で来られたユールスキイさんを音楽喜劇場の楽屋に訪ね、一九八〇年代にM先生に招かれて来日したユールスキイさんが東京・池袋の『スタジオ200』で演じたヴァシーリイ・シュクシーン原作の一人芝居『長沓《サポーシキ》』のことを話したり、一緒に写真を撮ったりしたことでした。

蝶

てふてふが一匹韃靼海峡を渡つていつた。

露西亜でときどき反芻していた安西冬衛のこの一行詩に『春』という名のあることを想い出させてくださったのは、露文の先輩に當たるH氏賞詩人で芥川賞作家のMさんでした。二〇〇四年の晩秋の東京での或る祝宴でたまたま隣席になったのですが、なんでそんな話になったのかは、よく憶えていません。若《も》しかすると、「露西亜にいても、こんな日本語の詩が懐かしく想い出されるのですよ。」などと酔いに任せて馴れ馴れしくこちらから話し掛けたのかも知れません。この詩は、私にとって相棒のような存在であり、大陸から樺太或いは樺太から大陸へと海面すれすれに危なげに漂っていく一頭の蝶の形象は、一時帰国のたびに日本海を跨いでハバーロフスクと新潟の間《あいだ》を往復する頼りない我が身にひらりと畳《かさ》なるのでした。ちなみに、この詩は、『莫斯科放送《モスクヴァー》』（『露西亜の聲』の前身）が開局した一九二九年に満洲国建国前の大連で創られています。それにしても、この蝶が凄いのは、身一つで海峡を渡るところですが、一九八九年十月二十七日に新潟空港で旅行鞄《スーツケース》を預けて搭乗手続《チェック・イン》きを済ませた私は、歩荷《ぼっか》や強力《ごうりき》の背負子《しょいこ》を連想させるアタック・ザックを背負い、お負けに免税店で欲張って購《もと》めたテネシー・ウヰスキーをぶら提げて、家族や友人に展望デッキから心配そうに見送られながら、アエロフロート航空のトゥーポレフ一五四型機のタラップをふらふらと上《のぼ》っていくのでした。そして、自分の席を見附けて腰を下ろしたものの、莫迦でかいアタック・ザックの置き場に困り、それを膝に載せて抱えたまま前も見えない状態でいると、北大か何処かの山岳部か探検部の学生さんでしょうか、ソ連の旅に慣れた感じの黒縁眼鏡の青年が、「大きな荷物は、後ろへ置けますよ。」と助け舟を出してくれました。厄介な荷物を片附け、吻《ほ》っとして席へ戻ると、恰幅の好い日本人の初老の紳士が、隣りに坐りました。やがて、甘い香水の馥りがする露西亜人のスチュワーデスが手押し車《ワゴン》で食前酒《アペレチーフ》を運んでくると、私は、酒は扣《ひか》えるはずだったのにあっさりとコニャックを頼み、その紳士と盃を傾けながら四方山話を始めました。露西亜極東から蕨《ワラビ》を輸入しているというその人は、「儂《わし》は、二年も蕨ならぬ牧草を買わされていたんですよ。」などとソ連相手の商売の苦労を一関《ひとくさり》語ると、こちらのことを訊ね、私が是々云々《これこれしかじか》の事情でハバーロフスクへ行くのだと応えると、きっと呆れた極《ごく》楽蜻蛉《らくとんぼ》に想えたのでしょう、「貴方《あなた》は、お愛《め》でたい人だ。」と云って磊落《らいらく》に笑うのでした。それから何年も経ってから、ハバーロフスクの文学者会館《ドーム・リチェラートロフ》での詩の夕べの後《あと》にみんなでアムール河畔を漫ろ歩いていたときに、或る露西亜人から「貴方は、ロマーンチクですね。」と告げられたので、帰宅してから露和辞典を披《ひら》くと、「夢想家、空想家、理想主義者、浪漫主義者、ロマンチスト」とありましたが、あの表情からすると、その人は、「貴方は、極楽蜻蛉ですね。」と云いたかったのに違いなく、その日から、私の辞書の「ロマーンチク」の項目には、「極楽蜻蛉」という譯語が加えられたことでした。

雨

アエロフロート機の円窓《えんそう》から「さながら蒼きレントゲン」（村木道彦の一首「ゆうやみはさながら蒼きレントゲンどうしようもなく病めるたましい」からの引用）のような夕暮れのアムール河を瞰《み》下ろしながら、ハバーロフスクの空港へ到着し、金魚の糞《ふん》の如く乗客の列の文字通り尾っぽにくっ附いて、重い荷物を引き摺りながら入国手続きを済ませて、漸《ようや》くロビーへ吐《は》き出されると、副支局長のSさんと日本課長のKさんが、放送局の車で迎えに来てくれていました。

ロビーでは、地元の日ソ合弁企業のK副社長とKさんの親友で前年の七夕の夜にアムール河で不慮の死を遂げられたNさんのご父君からも、温かな言葉を掛けていただきました。露西亜極東の秋の晩は、かなり冷え込んでおり、放送局の上司は、二人とも厚手の外套を纏《まと》って鳥撃ち帽を冠《かぶ》っていましたが、その東欧風のシックな装いは、波蘭土《ポーランド》のアンジェイ・ワイダ監督の映画『灰とダイヤモンド』に登場する鬚のある男たちのそれを想わせるものでした。簡単な挨拶と握手を交わすと、日本では露西亜語で会話する機会が殆《ほと》んどなかった私は、気の利いたことを話すこともできず、むっつりしている他《ほか》ありませんでした。辛うじて口にできたのは、音楽のことだけでしたが、私が、その頃よくLPレコードで聴いていたシンガー・ソングライターのタチヤーナ・カラペチャーンが好きだと云っても、二人は、知らないというふうに首を傾げ、人気アイドル・グループ『爽やかな五月《ラースコヴィ・マーイ》』も聴くと云うと、漸《ようや》く笑顔で首肯《うなず》いてくれるのでした。私たちを乗せたソ連製のジープは、ジュラルミン色の孫の手のお化けのような街灯の淡い光りに照らされた一本道を三十分ほど奔《はし》ると、市の中心部にあるレーニン広場（旧 自由広場）に面したカール・マルクス通り三十三号棟のソ連共産党ハバーロフスク高等党学校の寮の前で停まり、私は、煖房のよく効いているその寮の二階の一番奥の左手の二間続きの小綺麗な部屋へ荷物を搬んでもらってから、赴任手當てを留《ルーブリ》の紙幣と硬貨で渡されて翌日の予定を告げられると、ほどなく寝台の毛布に包《くる》まって深い眠りに落ちました。こうして、ソ連での生活の一日目が了わったのでしたが、そのときには、契約期間の三年でも長いように感じていましたから、ソ連そして露西亜で二十余年も暮らすことになろうとは夢にも想っていませんでした。数日後、『莫斯科放送《モスクヴァー》』開局六十周年を祝う夕べが、五年後の一九九四年に日本国総領事館が置かれることになるプーシキン通り三十八号棟の祝典会館《ドーム・トルジェーストフ》で催され、私は、一応日本から持ってきた慣れないスーツを着てネクタイを締めて末席に列なりました。當時は、ミハイール・ゴルバチョーフ政権の禁酒令が布《し》かれており、具琉耳《グルジヤ》では葡萄の木が伐られてハバーロフスクでは麦酒《ビール》の製造ラインが停められたといった噂を耳にしていましたが、果たして、会場には酒精《アルコホール》の類いが一滴もなく、お洒落やお粧《めか》しをして鳩《あつ》まった放送局員たちは、角砂糖を入れて檸檬を添えた紅茶で乾杯し、ケーキやビスケット《ペチェーニエ》やキャンディー《コンフェータ》や水菓子を口へ運んでは、ダンスやクイズやお喋りや詩の朗読などに興じているのでした。酒好きなのにその晩は白面《しらふ》だった若き露西亜人技師Jさんが日本のロック・バンド『ザ・モップス』のヴォーカリストに肖《に》ているイーゴリ・コルネリュークというソ連のシンガー・ソングライターの『雨《ドジヂー》』という流行歌に合わせて腰を泳がせながら踊っていた姿が、今も瞼裏《まなうら》に灼き附いていますが、それから二十余年を経た二〇一一年の早春、帰国を数日後に扣《ひか》えて未練がましく中心街のムラヴィヨーフ＝アムールスキイ通りをぶらついていると、なんとその懐かしい旋律が流れてきて、ソ連末期のあの一夕《いっせき》が閃光のように甦り、音のするシェローノフ通りとの十字路へ目を転じると、雪の解けた舗道で若者がサクソフォンを嚠喨《りゅうりょう》と吹いており、その背後を芥子色の路面電車《トラムヴァーイ》があの旧高等党学校の寮を目隠しするように横切っていくのでした。

畔

ハバーロフスクは、風致《ふうち》に富んだアムール河畔の町で、その名は、十七世紀の露西亜の探検家エロフェーイ・ハバーロフに由来し、漢字の表記は、台湾では「伯力」、中国では「哈巴罗夫斯克」。創建は、慶應義塾の創立と同じ一八五八年で、欧露の古都と比べると、かなり嫩《わか》い都市と云えます。作家のアントーン・チェーホフは、サハリーンへの旅の途次に二日滞在したアムール河畔の町ブラゴヴェーシチェンスクから友人である作家でジャーナリストのアレクセーイ・スヴォーリンへ宛てた一八九〇年六月二十七日（新暦 七月九日）附けの手紙に、こう記しています。「アムールは、実に素晴らしい河で、私の予想を上廻りました。この感動をお伝えしたいとずっと想いつつも、非道い蒸気船に七日間揺られ通しで、なかなか書けませんでした。尤も、私にはアムール河岸のような佳境を描くことなど到底できず、それを前に兜を脱いでちっぽけな自分を感じるばかり。どうやってそれが描けましょう？ スラーミ（具琉耳《グルジヤ》の山脈＝譯註）の峠が岸になったようなもの、それがアムール。厂《がけ》、岩、森、無数の鴨、鷺、嘴の大きな諸々の鳥、一面の曠野。……私は、アムールに魅せられ、二年ほどこの地に住んでみたい。美しく、闊く、自由で、温かい。こんな自由は、瑞西《スイス》や仏蘭西にも終《つい》ぞありませんでした。」（拙譯）また、一八九九年にハバーロフスクを訪れた医師で作家のピョートル・アレクセーエフは、こう記しています。「この町の最も好い処は、大聖堂附近とその周りで、そこは、道路が舗装され、歩道が敷設され、街路が生墻《いけがき》に縁取られている。総督府、軍人会館、傷痍軍人会館、綺麗に仕上げられてウスーリとアムールの合流地点が見渡せる展《ひら》けた場所へ絶妙に配された新しく麗しい建て物の数々。……それらの向こうに、ムラヴィヨーフ＝アムールスキイ伯爵像を囲むように公園が広がる。ここは、さながらモンテカルロ。……山肌の趣きや繁った緑に覆われる段丘は、リヴィエラを想わせ、この辺りのアムールは、海のよう。……厂《がけ》の上の庭園、亭《あづまや》、音楽堂など、凡てが、上流貴族の保養地を想わせる。」（拙譯）この町は、人口が六〇一、〇四三人（二〇一四年一月一日）で面積が三八六平方粁《キロ》、この町を行政中心地とするハバーロフスク地方は、人口が一、三三九、九一二人（二〇一四年一月一日）で面積が七八七、六三三平方粁、ですから、この地方は、人口が日本の百分の一で面積が日本の二倍強（北海道の十倍弱）ということになります。私が日本へ帰国する頃、ハバーロフスクには、露西亜を七つに分ける連邦管区の一つである極東連邦管区の本部があり、日本、中国、北朝鮮、白露西亜《ベラルーシ》の領事館が置かれていました。街路は、寓居はプーシキン通りにありましたが、他《ほか》にも、詩人のネクラーソフやレールモントフ、音楽家のグリーンカやチャイコーフスキイ、作家のゴーゴリやトルストーイやトゥルゲーネフやアルセーニエフといった、藝術家の名を冠する通りがありました。番地は、通りの起点から終点へ向かって左側が奇数で右側が偶数と定められており、日本の番地よりも、住所を尋ね當てるのが迥《はる》かに楽でした。姉妹都市は、提携順に、日本の新潟（一九六五年）、米国のポートランド（一九八八年）、加奈陀《カナダ》のヴィクトリア（一九九〇年）、中国の哈爾濱《ハルビン》（一九九三年）、韓国の富川《プジョン》（二〇〇二年）、中国・海南島の三亜《サンヤー》（二〇一一年）、北朝鮮の清津《チョンジン》（二〇一一年）。新潟とは、東京五輪開催の年でもある一九六四年に発生した新潟地震の被災地へソ連極東から建築用木材三千立方米《メートル》が贈られたのを機に親交が深まり、一九六五年に姉妹提携の宣言が調印されました。一九九一年には、ヴラヂヴォストーク市と新潟市が、一九九三年には、韃靼《タタールスキイ・》（間宮）海峡《プロリーフ》に臨むハバーロフスク地方のヴァーニノ町と北海道の石狩市が、夫々《それぞれ》姉妹関係を結び、一九九一年には、ハバーロフスク地方第二の都市コムソモーリスク・ナ・アムーレ市と新潟県の「北越の小京都」こと加茂市が、友好都市になりました。また、ハバーロフスク地方は、一九六九年から、東経百三十五度（日本標準時子午線）という同じ経線で結ばれる兵庫県と友好関係にあり、二〇一二年には、一九八五年に同県が同地方から譲り受けた鸛《コウノトリ》の子孫を含む二番《つが》い四羽の鸛が、里帰りの形で同県から同地方へ寄贈され、ハバーロフスク北郊のV・P・シソーエフ名称『沿アムール地方《プリアムールスキイ》動物園』で飼育されることになりました。ちなみに、同園に名を冠するフセーヴォロド・シソーエフは、その作品が外国語に翻譯されてもおり日本では「露西亜のシートン」と呼ばれることもある地元の動物作家で、その歿後には、ハバーロフスクの通りの一つにその名が附けられているそうです。

幻

ハバーロフスクの街は、平屋か二階建ての古風な木造や赤煉瓦の建て物も残ってはいるものの、五階か九階か十四階建ての混凝土《コンクリート》の集合住宅が立ち竝ぶ大きな団地といった趣きで、緩やかに傾斜する碁盤の目のような街路を漫ろ歩けば、例えば一九六〇年代に浦和の駅の傍の木造平屋建ての仕舞た屋の借間から引っ越した西郊の荒川土手の近くの新興団地の凸凹《でこぼこ》の舗道で橙色の補助輪附き二輪車を朝から乗り廻す幼少の私を包《つつ》んでいた五階建ての白い住棟のひんやりした片蔭《かたかげ》が懐かしく想い出され、西比利亜《シベリヤ》横断鉄道のハバーロフスク駅の正面玄関から駅前広場に佇《た》つ探検家ハバーロフの銅像越しにキャラメルのお負けみたいな路面電車《トラムヴァーイ》の車輪の音を聞きながら駅舎から西へ真っ直ぐに伸びるアムール竝木路《ブリヴァール》の尽きる辺りを南から北へ流れているはずのアムール河のほうを望めば、一九七二年の札幌冬季五輪の主題歌《テーマ・ソング》『虹と雪のバラード』の旋律や労働祭《メーデー》の風船やプラカードが耳底《じてい》や瞼裏《まなうら》を過ったりするのでした。日本のフリーランス・ジャーナリストのNさんは、早大露文出身のNさんのご夫妻のことも記されている『シベリア・ラーメン物語』という本を一九九四年に上梓される前にハバーロフスクへ取材に来られた際、中心街でばったり再会した私に「ここは、二十年、いや、三十年くらい前の、札幌にそっくりですね。」と沁み沁みと呟かれましたが、町の肌触りは、私が後にした泡沫《バブル》景気に沸く東京がつるつるの光沢感光紙だとすれば、その頃のハバーロフスクは艶消しの絹目感光紙のようでした。東京の派手で浮き立つような彩りとは対照的なハバーロフスクの地味で落ち着いた単彩《モノクローム》の佇まいは、今も残っているでしょうか。余談ながら、私は、露西亜を離れるときに陶淵明の『帰去来の辞』を想い泛《う》かべたのですが、帰国後に桃源郷について調べていると、その出処はこの田園詩人の『桃花源記』という作品であり、桃源郷とは世俗的なものであれ超俗的なものであれ目的を持って追い求めたのでは到達できない再訪不能な場所であり、それは心の内なる存在を詩的に具象化したものであって探すと却って見つからない、ということが分かり、自分

ハバーロフスクの駅前広場。2010年5月31日。

にとってハバーロフスクはそんな幻の桃源郷か無何有郷《ユートピア》のようなものかも知れない、と感じたことでした。

星

一時帰国のたびに会食する亡父のサナトリウム時代からの友人に戴いて露西亜へ持っていった、空気で膨らます地球儀は、私の恰好の遊び相手でした。哈爾濱《ハルビン》が両手を展げると、右手は大連へ左手はハバーロフスクへ至り、満洲里から哈爾濱を通って東京へ斜めに線を引くと、白鳥座の北十字が現れ、ハバーロフスクとヴラヂヴォストークという露西亜極東の二都と札幌を結ぶと、夏の大三角が出来るのですが、私は、そのトライアングルを竊《ひそ》かに「心の星座」とか「地上の三つ星」などと呼んで、心の五線譜を流れる無音の調べを独り愉しんでいました。余談ですが、学生の時分に北海道を国有鉄道で旅していたとき、私は、トラピスト修道院を訪ねた後に乗った江差線の鈍行列車の四人掛けの匚《はこ》席で牛のように優しい目をした小柄で痩せた青年と向かい合わせになりました。その青年の隣りには、彼の友人であり彼が私に小聲で告げたところでは心を鎖《とざ》しがちだという眼鏡を掛けた肥った青年が黙りこくって坐っているのでしたが、私たち三人は、とくに言葉を交わすでもなく三頭立て《トローイカ》の橇のようにそのまま一緒に旅を続け、彼らがそれから働くことになっていた牧場がある道東の別海《べっかい》の駅で別れるまで「沈黙の天使《チーヒイ・アーンゲル》」と戯れる至福の時を過ごしたことでした。こんな何でもないようなことを憶えているのも、それが私にとって「心の星座」だからなのかも知れません。

また、札幌と旭川を結ぶ列車で作家の三浦綾子さんのご夫妻とたまたま相席になった際に荷物を網棚へ載せるのを手伝っただけなのにいつまでも感謝されたという札幌のF先生の回想も、私の心の中で静かな光芒を放つ「地上の三つ星」に想えます。今宵も、地球を包《つつ》む空の何処かで、そんな星たちが瞬いているのでしょうか。

世

閑に飽かして算《かぞ》えてみると、私は、一九八九年十月二十七日から二〇一一日三月二十八日までの世紀を跨いだ二十一年半足らず、休暇中の帰国などで露西亜を一時的に離れていた日も含めると七千八百二十三日、露西亜に身を寄せていたことになります。これをソヴェート連邦と露西亜連邦の二つの時代に分けて、一九九一年末にミハイール・ゴルバチョーフ大統領が辞任してクレムリン《クレームリ》からソ連国旗の鎌と鎚の赤旗が降ろされて露西亜国旗の上から白青赤の三色旗が揚げられた日をソ連崩壊と露西亜新生の日とするならば、ソ連では二年二ヶ月ほどを、露西亜では十九年三ヶ月ほどを、過ごしたことになります。日本では、泡沫《バブル》景気以降の一九九〇年代から二〇〇〇年代初めまでの経済を「失われた十年」と呼び、これに二〇〇〇年以降の経済を合わせたものを「失われた二十年」と呼ぶそうですが、露西亜のその二十年を二つに分けるならば、二〇〇〇年までのエーリツィン時代とそれ以降のプーチン時代ということになりましょうか。今では「苦難の九十年代《リヒーエ・ヂェヴャノーストィエ》」と呼ばれる露西亜の一九九〇年代は、社会主義から資本主義への曲がり角に當たり、その転換期には、市場経済を軌道に乗せるための試行錯誤が繰り返されていました。私の勤めていた国営ラヂオ放送局は、ソ連崩壊に伴って『莫斯科《モスクヴァー》放送』から『露西亜の聲』に改称されましたが、放送の内容は、一気に変わるということはなく、徐々に冷戦時代のイデオロギー色が脱けて露西亜の素顔を伝えることに重心が移されていきました。一九九〇年代の露西亜では、経済が安定を欠き、通貨膨張《インフレーション》が続いたり、通貨単位変更《デノミネーション》や平価切り下げ《デバリュエーション》が実施されたり、債務不履行《デフォルト》が宣言されたりしていました。紙幣の図柄も、レーニンの肖像から国内の主な都市の形象に変わりました。十留《ルーブリ》札はクラスノヤールスク、五十留札は聖彼得堡《サンクト・ペチェルブールグ》、百留札は莫斯科、五百留札はアルハーンゲリスク、千留札はヤロスラーヴリ、五千留札はハバーロフスク、というふうに。ちなみに、最高額紙幣である五千留札には、ハバーロフスクの目貫き通りにその名を冠する東西比利亜《シベリヤ》総督ニコラーイ・ムラヴィヨーフ＝アムールスキイ伯爵の立像と、列車が下を自動車が上を往き来するアムール河を跨ぐ二段式の鉄橋が、表と裏に夫々配《それぞれあしら》われています。一九九八年の夏のデフォルトの際には、弗《ドル》に対する留の価値が数分の一に下落し、それは、給料が留で支給される自分にとって大きな痛手のはずでしたが、私は、月給が百弗ほどにしかならない謂わば「どん底」の時期も経験していたので、何処吹く風といったふうでもありました。ただ、私の場合は、幸い、目の前の仕事に逐われていたので不安も紛れましたが、職を失った人にとっては、あの時期は、まさに路頭に迷い兼ねない苦難の時代だったはずです。その一方で、新しい露西亜が歩み出した一九九〇年代は、暗い隧道《トンネル》の向こうにあるはずの明るい未来を夢見ることのできた時代でもあったのではないでしょうか。二十世紀と二十一世紀の迫間《はざま》に、ハバーロフスクのプーシキン通りの寓居では、学生時代に「ラスコーリニコフの部屋」と名附けた下宿の三畳ほどの角部屋でも聴いていた「シュプレヒコールの波、通り過ぎてゆく……」という中島みゆきの『世情』といった歌も、テープ・レコーダーから流れていました。狭くてあづましい台所《クーフニャ》の卓子《テーブル》で、二重硝子の窗《まど》の外に零《ふ》る雪を瞶《みつ》めながら、安い火酒《ヴォートカ》を一口《ストー》盃《ブカ》で独り酌むときなどには。

ソ連へ渡る前、ハバーロフスクは人種の坩堝《るつぼ》で美人が多い、などと或る方に伺いましたが、慥《たし》かに、職場も街角もそんな感じであり、そこには、欧羅巴でも亜細亜でもない奇妙な解放感が漂《ただよ》っているのでした。當時、支局には、越南《ヴェトナム》課と西班牙《スペイン》課はすでになく、米国《アメリカ》課、中国課、朝鮮課、日本課という四つの課があり、ソ連が崩壊すると、米国課がなくなりました。首爾《ソウル》と平壌《ピョンヤン》からアナウンサー兼任翻譯員が招聘されていた朝鮮課では、露西亜と南北朝鮮という三つの国籍の人たちが机を竝べていることもありました。支局内の共用語は、露西亜語でしたが、各課には、夫々《それぞれ》の国柄や民族色を映す空気があり、支局は、北東亜細亜の縮図みたいでした。ニュースや時事解説の翻譯をしていて中国や朝鮮の地名や人名の表記や発音を確認したいときには、夫々の課へ足を運んで教わることができ、逆に、余所《よそ》の課の翻譯員がうちの課へそうしたことを訊きに来るときもありました。私が入局した當時の支局の日本課のスタッフは、編輯顧問一名、編輯員四名（そのうちの一名は課長）、アナウンサー三名、専任翻訳員一名、日本から招聘されたアナウンサー兼任翻訳員二名の、合わせて十一名で、出身民族は、露西亜、韃靼《タタール》、中国、朝鮮、日本とさまざまで、国籍は、ソ連の人もいれば日本の人もいて、そこは、露西亜語と日本語が飛び交う不思議な空間でした。樺太の大泊（現 サハリーン州コルサーコフ市）出身の有江逸郎さんは、課内で唯一人、無国籍の方でした。東京農業大学在学中に帰省先の樺太で終戦を迎え、一家が日本へ引き揚げた後《あと》もソ連に残り、やがてサハリーンからハバーロフスクへ移り、四十年ほど支局の翻訳官を務め、私が着任したときには編輯顧問をされていました。後《のち》に日本へ永住帰国する際にソ連国籍を取得され、一九九三年の夏に逝去される一月ほど前に日本国籍を恢復されましたが、それまでは無国籍を通されたのでした。無国籍ですから、身分証明書《パースポルト》はなく、その代わりとなる居住許可証《ヴィード・ナ・ジーチェリストヴォ》の国籍欄には、無国籍《ベズ・グラジダーンストヴァ》と記されていたはずですが、無国籍では、国内を自由に移動することも儘ならず、無国籍を貫くには、相當の覚悟が要ったと想われます。鳥や獣ならばそれ無しでも自由でいられても人間だとそれ無しには自由でいられない「国籍」という衣を纏《まと》わずにいるためには。

有江さん

そこにいるだけで空気が和む、有江さんは、まさにそんな方で、年齢は、私の亡き父と同じくらいでした。私にとって最初の昼休みに、有江さんは、語尾のところで口を少し尖がらせるように「夢へ《ナ・メチトゥー》」と呟いて、ジェルジーンスキイ通りを下ってアムール竝木路《ブリヴァール》を渡ったところにある『夢《メチター》』という食堂《ストローヴァヤ》を教えてくれました。支局には、昼休みの時間があるわけでも社員用の食堂があるわけでもなく、昼食は、仕事が一区切り附いた人から持参した弁当を広げたり街の食堂へ出掛けたりしてめいめいで摂るようになっていました。そのときの私は、一人なのが不安でもありなんとなく億劫でもあるのでその食堂へ行くのが躊《ためら》われて、ジエルジーンスキイ通りを上《のぼ》って繁華街のカール・マルクス通りの路上でピロシキーを二、三個買って直ぐに職場へ舞い戻ったのですが、有江さんは、私が翻訳室を後にすると急に心配になって『夢《メチター》』へ向かったらしく、そこにいるはずの私がいないその食堂で独り昼食を認《したた》めて戻られると、暢気に紅茶を啜りながら幸せそうにピロシキーを食べている私を呆れたような吻《ほ》っとしたような顔で見るのでした。その頃には翻訳員ではなく翻訳員との読み合わせ《シチートカ》が主な仕事である編輯顧問を務めていた有江さんは、午后から出勤することが多いのでしたが、街角で売られている揚げ麵麭《パン》だとか惣菜屋《クリナーリヤ》に竝んでいる焼き魚だとかをよく途中で買ってきては、雛を抱える親鳥のように自分では殆んど口を附けずに日本課のみんなに振る舞ってくれるのでした。或るとき、有江さんが向かい合わせの机越しに「こんなもの、食べるかい。」とそっと差し出してくれたのは、なんと紛れもないポテト・チップスで、私は、ソ連にもこんなものがあるのかと甚《いた》く感心しながら、薄い氷を想わせる硬くて透明なセロファンの袋の中へ手首を辷らせては、一片《いっぺん》の大きさも焦げ具合いも不揃いながら馬鈴薯と鹽の味が確《しっか》りとするそのチップスをばりばりと頬張ったことでした。有江さんは、原稿用紙にシャープ・ペンシルで草した私の最初の譯文に目を通してくれたときには、翻譯室の真ん中に彳《た》って「柔らかくて、いいなぁ。」と一寸《ちょっと》大袈裟に褒めてくれて、どれどれと周りの人もその原稿を覗きに来るのでしたが、あれは、仕事振りがぴりっとせずに他人《ひと》の足を引っ張ることが目に見えている如何にも出来の悪そうな新参者への然《さ》り気《げ》ない聲援《エール》だったような気がします。例えば、傷んだ苹果《りんご》といった同じものを前にしても、目に附き易い短所を槍玉に挙げて腐すばかりの人もいれば、目に附き難《にく》い長所を見附けてそこへ光りを當てようとする人もいますが、有江さんは、明らかに後者でした。「あんた、一年、保《も》つかな。」この四十年で最も深刻とご本人が云われるソ連国内の物不足や食糧事情のことを指してか、それとも私の翻譯の見込みのなさを指してか、或いはその両方を指しているとも取れるように、そうぽつんと私に告げたときの有江さんの慈愛に盈《み》ちた表情は、今も瞼裏《まなうら》に残っています。フルーンゼ通り三号棟の私の社宅から目睫《もくしょう》の間にあったカリーニン通り三十八号棟の有江さんの社宅には、露西亜語の本の他に外国の古典文学の翻譯ものから村上春樹の『ノルウェイの森』といった日本の現代文学の作品に至るまでの日本語の本も沢山あって、遊びに行くたびに書架の本を物色してはいろいろと貸していただきました。古色を帯びたステレオやレコードもあり、私が舞踊藝術に興味があると云うと、慥かアイヌの伝説を題材《モチーフ》にした舞踊作品のレコードがあったはずだといって暫く捜してくださったのですが、残念ながら、それは見つかりませんでした。ちなみに、クラシック音楽の好みは、有江さんが独逸のベートーヴェンで、私が露西亜のチャイコーフスキイで、ソ連へ渡る前の私は、冬の朝には、灯油ストーヴに火を点けてからレコードに針を落としてチャイコーフスキイの交響曲第四番の第二楽章を流しては露西亜の雪野《ゆきの》へ想いを馳せたものでした。それから、有江さんは、東京の水道橋駅の傍の帽子店で購《もと》めた黒いソフト帽しか持っていなかった私のために、紺と白の毛糸で編まれて頭頂に玉房《ポンポン》の飾りが附いたソ連製の「正《しょう》ちゃん帽」を貸してくださったばかりか、露西亜語のヒアリングの勉強になるからと、ソ連のどの家庭にも台所《クーフニャ》などに専用の差し込み口が備わっている「どか弁」のような形をした白いプラスチック製のカヴァーで覆われた有線放送受信機《グロムコゴヴォリーチェリ》も貸してくださいました。ちなみに、この受信装置は、ソ連時代、ホテルの客室の壁や鍵番の小母さんや守衛の小父さんの机の脇などにもよく掛けられていました。有江さんは、若い頃には、英文の読解の他に化学の実験も得意だったらしく、この物質は何かと訊かれれば立ち処にその成分を解析できたそうです。また、大の相撲好きであり、本場所中の夕刻には、古ぼけた愛用のラヂオを日本課の翻譯室の窗敷き居《ポドコーンニク》に置いて、他の人の翻譯の邪魔にならないように音量を落として片耳をスピーカーに押し當てて実況中継に聴き入っているのでした。ＮＨＫのラヂオ放送はよく聴いていたようで、「この間《あいだ》、石川達三の『蒼氓《そうぼう》』が「そうみん」と紹介されていたっけ。」などと私にそっと教えてくれることもありましたが、そこには、アナウンサーの非を難ずるのではなく温かく包《つつ》み込むような心の寛さが感じられました。有江さんが歿くなられて十五年を経た二〇〇八年の夏、ハバーロフスクのホテル『イントゥリースト』のレストランの「赤の間《クラースヌイ・ザール》」で知人と昼食を共にしていたとき、私は、隣りの卓子《テーブル》で独りピロシキーとボールシチを上品に召し上がっていた日本人の女性と言葉を交わしたことがありましたが、今は首都圏の大学の教授であり樺太の豊原高等女学校に通っていた頃にはアイヌの言語学者である知里真《ちりま》志保《しほ》先生に英語や国語や国文法を教わったことがあるというその方は、なんと有江さんをよくご存じで

有江さん。1989年の秋。レストラン『哈爾濱〔ハルビン〕』に於ける放送局の日本課の歓送迎会で。前列左から、鄭弘基〔テン・ホンギ〕さん、ヴィークトル・アファナーシエフさん、エカチェリーナ・メシチェリャコーヴァさん、朝倉勝江さん、タチヤーナ・ソコローヴァさん。後列左から、有江逸郎さん、筆者、高降華〔コウ・ユンファ〕さん。

あり、青春時代を共に樺太で過ごされたとのことで、當時の話を伺っていると、やはり樺太の出身で日本課の専任翻譯員であったKさんからスキー・ジャンプの名手だったと聞いていた若き日の有江さんの、皎《しろ》い雪を背景に碧《あお》い空をナイフのように辷《すべ》る姿が、目交《まなか》いに泛《う》かんでくるのでした。

或る日本人

有江さんには、翻譯の骨《こつ》や術《すべ》も授けていただきました。国際的な組織や条約の名称はもちろん、政治や経済や科学から文化や藝術やスポーツに至るまでの幅広い分野の用語の正確な譯語が、玉手匣のようにぽんぽんと出てくる有江さんは、野球で云えば、守備範囲の広い游撃手か中堅手若《も》しくは巧みなリードで好打者をばったばったと三振に切って取る老練な捕手を想わせる、まさに生き字引きのような方でした。普段は、お手柔らかに接してくれて、「あんまり露西亜語の原語に囚われないほうがいいよ。」などと翻譯に関する然《さ》り気《げ》ない助言をくださるのでしたが、ときには、私が、迂闊にもアレクサンードル・マケドーンスキイを字《じ》面通《づら》りに譯してしまい、冬日がさらさらと奥まで差し込んでいる翻譯室の一隅の肱掛け椅子に身を沈めていた有江さんに「アレクサンダー大王だろうが。」と一喝されて、手抜きを見透かされたようで黙って俯くばかり、といったこともありました。さて、そんな有江さんに「我が師」と呼ばしめたのは、スダさんという私にとっては伝説の人物でした。スダさんは、戦時中は須田博《すたひろし》と改名させられた白系露西亜人の野球の投手ヴィークトル・スタルーヒンとはもちろん別人であり、嘗《かつ》て樺太で同盟通信（共同通信や時事通信の前身）の記者をし、私が入局する迥《はる》か以前に『莫斯科《モスクヴァー》放送』（『露西亜の聲』の前身）のハバーロフスク支局で働き、莫斯科の『プログレース出版所』へ移り、暫くしてその地で他界された、とのことでした。有江さんの話では、スダさんの手に掛かると、有江さんの譯文は、至るところ赤いインクで修正されて茹で章魚《ダコ》よろしく真っ赤になって戻ってくるのでした。また、露西亜語の原文は、幾つかのセンテンス《プレドロジェーニエ》に分かれていても、スダさんの譯文は、放送用原稿の和譯は一息で淤《よど》みなく読んだほうがリスナーの耳に馴染み易いという配慮から、群雲《むらくも》のように大きく纏《まと》められており、スダさんの原稿用紙には、読点はあっても句点はほとんどないのでした。それから、スダさんには、茶目っ気たっぷりの文学青年のようなところがあり、職場の慰労会か何かの余興で、手製の鼻眼鏡まで用意したスダさんが、アントーン・チェーホフの一幕物の独白劇『烟草の害について《オ・ヴレージェ・タバカー》』を原語で飄々と演じることもあったそうです。さて、私が入局した頃は、一人一月五千行が支局の翻譯員の規準作業量《ノールマ》でしたが、嘗《かつ》ては、一人一月一万行くらい譯していたこともあるらしく、階こそ違えど同じ社宅で寝起きしていたスダさんと有江さんは、そんなきつい仕事の後によく連れ立って行き附けの地下の旗亭《きてい》へ潜り込み、鰊《セーリチ》の鹽漬《しおづ》けなどを肴に、スダさんは二百瓦、有江さんは百瓦《グラム》、火酒《ヴォートカ》を引っ掛けてから家路を辿ったそうです。私が着任した時分には、ゴーリキイの『どん底』かドストエーフスキイの『罪と罰』に出てきそうなそんな趣きのある酒場は、残念ながら、もはや見掛けませんでしたけれども。

ちなみに、莫斯科へ移られてからのスダさんのことは、芹川嘉久子著『モスクワの顔』（中央公論社）の「ある日本人」という章で、とても温かい筆致で描かれていました。今、泉下の人となってハバーロフスクへ戻ってきたスダさんは、市の中心部から空港へ向かうカール・マルクス通りの右手に広がる市営中央墓地（カール・マルクス通り百六十八－一番地）の一隅に設けられた日本人墓地に眠っています。高い鉄柵に囲われたその墓地へ鉄の門扉を軋ませて入ると、左手の一番奥のフェンス際に『莫斯科放送』のハバーロフスク支局の先達たちの墓標が竝んでいますが、スダさんのお墓は、その真ん中辺りにあり、有江さんからスダさんは愛烟家だったと聞いていた私は、展墓の折りには、線香の代わりに箱から一本抜き取った紙巻き烟草に火を点けて一つ深く吸ってから、本名も戒名も碑銘も刻まれていない小振りなその墓石の前面に壁龕《ニーシャ》のように剔《えぐ》られた四角い凹《へこ》みの底辺に、吸い止《さ》しの烟草をそっと臥《ね》かせてくるのでした。

ソ連時代には、商店ばかりでなく食堂《ストローヴァヤ》にも、十三時から十四時或いは十四時から十五時といった休業時間がありました。ジェルジーンスキイ通り五十四号棟の支局は、嘗《かつ》ては中国の領事館として使われていたそうですが、そこには、局員用の食堂があるわけではなく、私は、たいてい十三時頃に翻訳が一段落すると、独りで或いは同僚と、さあどの食堂へ向かおうか、と思案します。フルーンゼ通り六十三号棟の薄汚れた白堊の洋館の二階にあった安くて美味い食堂に間に合いそうなら、足迅にそちらを目指します。そこは、とくに店名もなく看板も保護色のようで目立たないために知らない人は食堂とは気附かずに素通りしてしまうような店でしたが、とても繁盛しており、昼どきには、二階へ上《のぼ》り切らない階段の途中から長くて流れの迅い行列《オーチェレヂ》が続いていることもありました。その店も、多くの食堂と同様、セルフ・サーヴィス式であり、まず、肉叉《フォーク》と肉刀《ナイフ》と洋匕《スプーン》と紙の餐巾《ナプキン》を矩形の盆《ポドノース》に取り、それから、左から右へと蟹のように歩きながら好きなものを択んでいきます。品目は、なかなか豊富で、牛乳《モロコー》、醱酵牛乳《ケフィール》、大きな薬罐から自分で多角形の硝子のコップ《グラニョーヌイ・スタカーン》へ注《つ》ぐ砂糖入りの紅茶や珈琲、苺《ベリー》や果実やドライ・フルーツを煮て作るコムポートと呼ばれるデザート用飲料、ボールシチや麵《ラプシャー》入りチキン・ブイヨンなどのスープ、メンチ・カツ《コトレータ》や洪牙利（ハンガリー）風シチュー《グリャーシ》、それから、私の好きだった鱈だか鯳《スケトウダラ》だかの白身魚を刻み青葱入りオムレツ風に焼いた卵料理などのメイン・ディッシュ、マッシュ・ポテトや蕎麦の実の粥《グレーチニェヴァヤ・カーシャ》などの付け合わせ《ガルニール》、噛み応えのある黒麺麭《パン》や白麺麭《パン》、ほんのり甘い菓子麺麭《ブーロチカ》、さらには、甘蕉《バナナ》や甜瓜《メロン》や西瓜《スイカ》といった水菓子もありました。しかも、あれもこれもと欲張って溢れるほど盆に載せても、レジ《カーッサ》の女性ががちゃがちゃと大きな音を響かせながら盆を一瞥しただけで瞬時に打ち出すレシート《チェーク》に印字された金額は、一留《ルーブリ》数十哥《コペーイカ》とか、精々《せいぜい》二留一寸《ちょっと》とか、兎に角拍子抜けするくらい安いのでした。ただ、休業時間までまだ五分ほどあるのに門前払いされてしまうこともあり、そんなときには、颯っと気持ちを切り替えて、路面電車《トラムヴァーイ》の奔《はし》るシェローノフ通りとアムール竝木路《ブリヴァール》の角にあるアムール竝木路三十二号棟へと踵《きびす》を転じます。そこの二階には、四つも食べれば腹一杯になる具琉耳《グルジヤ》生まれのヒンカーリと呼ばれる大きな水餃子が手迅く食べられる便利この上ない立食式の軽食堂があるのでした。先が曲がったり広がったりしている煤《くす》んだ色のアルミニウム製の肉叉の軽さと、挽き肉のごろんとした塊りが厚い皮に包《つつ》まれているヒンカーリの柏餅ほどの重さ、その愉快なアンバランスにかくかくと翻弄される手首の感覚が、少し胡椒の利いた食欲を唆るその味の佳さと共に、記憶に甦ります。食堂の従業員も確《しっか》り一時間息《やす》む、如何にも社会主義圏らしい昼休み。店員が客に媚びずに毅然としているところが、今ではとても懐かしいです。

読み合わせ《シチートカ》

昼餉から戻ると、翻譯した原稿の読み合わせ《シチートカ》が待っています。これは、翻譯員が自分の日本語の譯文を聲に出して読み、編輯員が露西亜語の原文を目で追いながらそれを聞く、誤りを直したり文意を慥《たし》かめたり最も適《ふさ》わしい譯語を覓《もと》めたりするための共同作業で、局員の間《あいだ》では、読み合わせ《シチートカ》と呼ばれていました。小さくとも聲を出すので、翻譯をしている人の妨げにならないように一旦部屋を出て、廊下の壁際に置かれた三本脚で天板《てんばん》が鈍角三角形の木製の小卓だとか、半地下の空《あ》いている録音スタヂオのマイクの手前の台だとか、何処か適當な場所を探さなくてはなりません。私が最も好んだのは、二階の日本課の翻譯室を出て左手の突き當たりの喫烟所《クリールカ》のさらに右手の奥にある細長くて一段高くなった硝子張りのヴェランダ《ヴェラーンダ》でした。そこは、北と東を向いた二面の格子窓《まど》に中庭の樹木の梢が大きく蹙《せま》っており、私は、窓を開け放つ夏には翠《みどり》滴る林間を漫ろ歩くように、窓を閉め切る冬には皎《しろ》い雪景色と厚い外套に包《くる》まれて、更紙のような原稿用紙に目とペンを走らせていました。二つの言語に虹を懸ける翻譯という作業は、もちろん、辞書や資料に援《たす》けられながら一人でもできますが、母語の異なる者同士が智慧を絞れば、いっそう譯文の趣きが増し、何よりも翻譯そのものが愉しくなる、そんな感じもするのでした。若《も》しかすると、異文化交流の妙は、欠けたものを補い合えるところにあり、それは、異性や異端との交流にも通ずることなのかも知れません。対極にあると想えるものたちの間にいつしか和音が生まれたり、凸凹《でこぼこ》の風景が鏡のように滑《なめ》らかな湖面となって月桂《げっけい》や星斗《せいと》を映し出したり。異なるもののことを考えていると、ふとそんな夢想に囚われている自分に気附くことがありました。

ザゴーン

職場で耳にしない日はない言葉の一つに、「ザゴーン」がありました。辞書には、「予備品」とありますが、支局では、翌日以降に放送される番組のために予め露西亜語から日本語へ翻譯しておかなくてはならない原稿のことを指していました。謂わば、宿題です。この普通名詞には、「家畜の逐い込み」という意味もあるので、私は、てっきり「退社後の翻譯員を寄り道させずにさっさと社宅へ逐い込んでせっせと宿題をさせるもの」といった意味かと想っていました。ほぼ連日、その日のニュースや時事解説の翻譯がまだ済んでいないうちに、音楽番組やローカル番組の「ザゴーン」が、編輯員から容赦なく粛々と配られます。私は、翻譯が余りにも鈍《のろ》いため、最後まで翻譯室に残っていることが多いのでしたが、それでも到底了《お》わらないので、いつも「ザゴーン」と露和辞典を肩掛け鞄《ショルダー・バッグ》に突っ込んで社宅へ持ち帰っていました。ソ連では、労働法典によって職種ごとの一週間當たりの就労の日数と時間が定められていましたが、支局の翻譯員には、そうした時間の規定とは別に一月五千行という翻譯の規準作業量《ノールマ》があり、定時に仕事から解放されるということは、まずないのでした。ちなみに、入局當時の私の翻譯の労賃は、露文一行當たり七哥《コペーイカ》（百分の七留《ルーブリ》）であり、後に佐多稲《さたいね》子《こ》の短篇小説『キャラメル工場から』を読んでいて「一罐七銭だった。」との一文に出遇ったときには、そのことが想い出されたものでした。さて、その一行の長さは、十何糎《センチ》と定められているのですが、印刷電信機《テレタイプ》から枯れ色の印字用紙に打ち出される露西亜語の文章は、左端は揃っていても右端は揃っておらず、翻譯の行数を算《かぞ》える際には、まず三十糎ほどの木製の直定規を水平に當てて文章の左端からその十何糎を測定して点を打ち、それからその点と交わるように直定規を垂直に當てて縦線を引き、その線の右側へ出っ張った文章の端《は》切れと左側へ引っ込んだ文章の空白を頭の中の篦《へら》で均し、そのように算出された翻譯の行数と翻譯員の名前と放送日の日附けを文末の余白にペンで記すのでした。一棹《ひとさお》の羊羹の端っこみたいに不揃いな文章の凸凹《でこぼこ》を埋め合わせるそうした作業は、どこか囲碁の対局が了わって地《ぢ》の数を算えるのに似ていました。さて、帰宅すると、もう翻譯を続ける気力も体力も残っておらず、キリール文字《キリーリツァ》など見たくもないので、何か食べ物を口へ入れて火酒《ヴォートカ》を引っ掛け、目覚まし時計の針を朝の四時に合わせると、寝室《スパーリニャ》の二人用の寝台へそのまま仆れ込みます。そして、窓《まど》の外がまだ杳いうちにゴングならぬ枕辺の時計のベルが鳴ると、マットに沈んでいたボクサーよろしくふらふらと起き上がり、卓上灯のカスタード・プディングのような形の光りの中で原稿用紙に厭々《いやいや》向かい、幸いにも家を出る時刻までに「ザゴーン」の翻譯が曲がり形《なり》にも仕上がれば、寸陰《すんいん》を惜しんで半時間でもまた毛布に包《くる》まって眠りという甘露を貪るのでした。アントーン・チェーホフの短篇に、哀れな子守り娘を描いた『ねむい《スパーチ・ホーチェッツァ》』という作品がありますが、あの頃の私も、死ぬほど眠りたいというのが正直なところでした。寝ても覚めても影のように附き纏《まと》う兇《のろ》わしい「ザゴーン」と、永遠におさらばして。恰《あたか》も、子供の頃に読んだ『タイガーマスク』というプロレス漫画に出てきた「虎の穴」という悪役レスラー養成所へ迷い込み、気が附くと『巨人の星』という野球漫画に出てきた「大リーグボール養成ギプス」を嵌められて身動きが取れなくなってしまったような自分を、もう一人の自分が気の毒そうに眺めている、そんな情けない図でしたが、今から振り返れば、あれほど忌々しかった「ザゴーン」が素的もなく有り難いものに想えてくるから、不思議です。日本では落ち着きなくふらふらしてばかりいたのが、いきなり雁字搦《がんじがら》めに机と椅子へ縛り附けられてしまい、座面と尾骨に挟まれて擦《こす》られる下着の綿布《コットン》が、いつの間にかぺらぺらに透けてくるのでしたが、「ザゴーン」という弾み車のような枷がなかったなら、自分のような懶惰《らんだ》な駑馬《どば》は、いつまで経っても翻譯という仕事に慣れなかったに違いありません。

入局して暫く、私は、東京の職場でも使っていた袖口を被う黒い筒型の腕貫き《ナルカーヴニキ》をしていたので、日本課内では竊《ひそ》かに「経理係りさん《ブハールチェル》」と呼ばれていたそうですが、やがて、「経理係《ブハールチ》り《エル》さん」は、腕貫き《ナルカーヴニキ》ならぬ小さな反旗を翻すことになりました。當時、支局の勤務体制は、支局長も管理職も運転手も雑用係りの方も、みんな週五日制なのに、翻譯員だけは、なぜか週六日制でした。慥かに、法律上は、一日當たりの就労時間に差が附けられて一週間當たりの就労時間は同じになって帳尻は合うのでしたが、私からすると、それが翻譯員の労力をできるだけ搾り取るための方便にしか想えないのでした。しかも、翻譯員は、ほぼ連日、手當ての附かない超過勤務を余儀なくされて、折角の週一日の休日さえ、宿題のような「ザゴーン」の翻譯のために返上してしまうことが殆んどでした。どう考えても奇怪《おか》しいので、せめて休日くらいは貴方《あなた》方と同じように二日にしていただけませんかと日本課長に申し出たところ、支局長を交えた緊急会議《レトゥーチカ》が開かれることになり、私は、その場でこのことを文字通り聲を大にして愬《うった》えました。すると、そんなふうにできるかどうかやってみましょうということになり、やってみると、そんなふうにできることが判り、愛《め》でたく、翻譯員も週五日制で働けるようになったのでした。後日、日本人の同僚から、莫斯科《モスクヴァー》本局勤務の知り合いの日本人に「支局は、週休一日でしょう。」と云われた、という話を聞いたときには、同じ放送局なのに自分たちの与《あずか》り知らぬところで労働条件の二重規範《ドヴォイノーイ・スタンダールト》が罷《まか》り通っていたことが判り、水臭いというか情けないというか、開いた口が塞がりませんでした。とは云え、やがて独自の番組を創ることを条件に支局の存在自体と所在地の公表を許されて毛筋ほどでも日本への窓《まど》を展いて聴取者も参加できる番組を放送できるようになったのも、どこか出口のない地下水道の闇の中を彷徨っているようなそんな理不尽さや息苦しさが跳躍板《スプリングボード》となった御蔭であり、それこそ「禍福は糾える縄の如し《ニェート・フーダ・ベズ・ドブラー》」だったのかも知れません。

緑苑《オアシス》

赤い煉瓦の二階建ての旧局舎（ジェルジーンスキイ通り五十四号棟）の何の看板も表示もない玄関を入って直ぐ左手には、種々《くさぐさ》の電子部品と剥き出しの電子回路と烟草の吸い殻に埋もれた日溜まりとも吹き溜まりとも附かない技術課の西日の好く射す細長い小部屋があり、その半展きの扉からは、紅赤《べにあか》の平たい箱に入った両切りの『プリーマ』かパピローサ（長い空洞の吸い口の附いた紙巻き烟草）の『白海バルト海運河《ベロモルカナール》』のものと想われる蘞辛《えがら》っぽいような安烟草の香りと機械油の匂いと屈託のない笑い聲が、いつも小暗《おぐら》い廊下へ洩れていました。或るとき、私が、空気がぴんと張り詰めて息が詰まりそうな二階の日本課の翻譯室から一階のその小部屋へ逃《のが》れ、「噫《あ》、ここは、緑苑《オアシス》！」と云って吻《ほ》っと溜め息を吐《つ》くと、その場にいた全員が、どっと笑い崩れるのでした。どの顔も、「おまえ、正気か。悒鬱《むさくる》しくて散らかり放題のこの部屋の何処が、緑苑《オアシス》なんだい。」と云っているようでしたが、私は、「こんなに開けっ広げで風通しの好いこの一隅の素晴らしさが、どうして分からないのだろう。」と擬《もど》かしくて堪りませんでした。それは、一九九〇年の夏の初めで、どことなく廃品を想わせる国産の白黒テレヴィの画面には、ソ連も出場していた蹴球《サッカー》の世界杯《ワールドカップ》・伊太利亜大会の試合の模様が映っており、彼らは、走査線か何かの筋が頻りに流れる不鮮明この上ない吹雪のような映像に釘附けになっていましたが、そのうちの一人は、ちらっとこちらを向いて「コースチャ（私の露西亜語の愛称）、御茶でも喫《の》むかい。」と云って椅子から腰を浮かすと、露西亜語でザヴァールカと呼ばれる後で割るために予め濃く出してある紅茶を、陶器の急須《ポット》から茶碗《カップ》へ少し注《つ》いで熱い湯で薄め、電子部品の山に埋もれて直ぐにはそれと見分けの附かない御茶請けのビスケット《ペチェーニエ》やキャンディー《コンフェータ》と共に然り気《さげ》なく侑《すす》めてくれて、次の烟草に火を点けると、また蹴球に夢中になるのでした。そして、私は、そんな何でもないような一服のひとときを過ごしただけで、羽でも生えたように身も心も軽くなり、紙とペンの音しかしない鍾乳洞のように静かな翻譯室へ向かって、段鼻《だんばな》がつるつるに磨り減った石の階段をとんとんと上《のぼ》っていくことができました。彼らにとっては兎小屋かも知れないその部屋は、私にとっては緑苑《オアシス》に他《ほか》ならないのでした。

ジェルジーンスキイ通りの旧放送局舎。二〇〇八年二月六日。

雪とインク

莫斯科《モスクヴァー》の本局から機関銃《プレミョート》のようにかたかたと絶え間なく印刷電信機《テレタイプ》で運ばれてくるキリール文字《キリーリツァ》との格闘に耐えられなくなったとき、私は、引き過ぎてぼろぼろになった辞書を二重の硝子窓《まど》へ煉瓦のように投げ附けたい衝動に駆られました。ここを辞してもう日本へ帰ろうという想いが、脳裡を擦めたのですが、その窓の外へ目を遣ると、皎《しろ》い雪が霏々《ひひ》として降っており、瞶《みつ》めていると不思議に心が息《やす》まって、またインク塗《まみ》れのパイロットの万年筆を手にしているのでした。入局して暫くはボール・ペンを使っていたのですが、そのうちに臂《うで》が痛くなってきたので万年筆に替え、それからは右手の指尖《ゆびさき》がいつもインクで汚れているような日々が続きました。インクは、ソ連製の菫色の『虹《ラードゥガ》』S126。原稿用紙は、縦が十六字で横が十八字の二百八十八字詰めのやはりソ連製の更紙。もう誰もいない翻譯室の手の届かない天井には、長い蛍光灯の沈黙。そんなふうに、秒針のように音もなく降る雪を横目で眺めながら、露西亜極東での最初の冬が過ぎていきましたが、今から想えば、あの雪は、宮澤賢治のセロ弾きのゴーシュの許《もと》を夜な夜な訪れる扣《ひか》え目な愛すべき鳥や獣たちのようなものだったのでしょうか。今も雪が戀しくてならないのは、私と雪の間《あいだ》にそんな誰も知らない秘密の物語りがあったせいかも知れません。

砂消し

あの頃のソ連の文房具は、品質が粗悪で品揃えも貧弱で、学童たちが気の毒になるほどでしたが、私がソ連へ渡ってから何よりも欲しかったのは、砂消し護謨《ゴム》でした。それは、ペン軸に詰まり易いソ連製のインクでざらざらの原稿用紙に綴った譯文を修正するために欠かせないものであり、何処かに売っていたのかも知れませんが、何処にも見つからないのでした。『スプートニク』というソ連製の髭剃りの替え刃で原稿用紙から書き損じを器用に刮《こそ》げ落とすヴェテランの翻譯員もいましたが、翻譯が鈍《のろ》いうえに誤りも群を抜いて多い駈け出しの私には、そんな余裕はありませんでした。それで、商社の駐在員の方が「日本へ一寸《ちょっと》戻りますが、何か買ってくるものは。」と訊いてくださるときにも、東京の友人が「そっちへ行くけれど、何か持っていくものは。」と云ってくれるときにも、迷わずに砂消し護謨をお願いしました。私には、百台のロールス・ロイスよりも一本の砂消し護謨のほうが迥《はる》かに貴重なのでした。ちなみに、譯文の修正は、専任のアナウンサーに拙譯をマイクに向かって読んでもらう際に必要だったのですが、やがて、櫛の歯が欠けるように専任の翻譯員や専任のアナウンサーが退職されて翻譯員を兼務するアナウンサーばかりになると、自分の譯文は専ら自分で読むことになり、自分で読めさえすれば好いので叮嚀に修正する必要はなくなり、修正が必要な場合には斜線や罰点を附けて余白に走り書きをするようになりました。そんなわけで、もう使うことのなくなった砂消し護謨は、それ以上減ることはなく、机の抽匣《ひきだし》で永い眠りに就いたのでした。薇撥條《ぜんまいばね》の切れた玩具のように。

活字

入局した當初、ニュースや解説番組の翻譯の際などに時事用語や専門用語に関する知識の乏しさを痛感し、今更ながら喉から手が出るほど日本の新聞が戀しくなり、東京の友人が

「必要なものがあれば、郵便で送ってあげようか。」と国際電話を架けてきてくれたときには、藁にも縋る想いで日本の新聞を真っ先に所望したことでした。まだソ連時代だったその當時、カール・マルクス通りという目貫き通りの新聞の売店《キオースク》では、一〜二週間後れの『赤旗』や『社会新報』が売られていることがあり、職場への途次《みちすがら》、それらが目に入ると、一部づつ買い購《もと》めて日本課で廻し読みしたものでしたが、いつも私ばかり買ってくるので、或るとき、女性の編輯員が、幾らもしない新聞なのに「新聞代は、割り勘にしましょう。」と云ってくださり、私は、金子《きんす》よりもそうした心遣いを勿体なく感じたことでした。日本語の活字と云えば、ウスーリ並木路《ブリヴァール》に面したザパーリン通り五十五号棟に『地球儀《グローブス》』という谷間の百合といった風情の小ぢんまりとした輸入書専門店があって、そこには、誰が手放したのか、日本の文庫や新書の古本が売られていることがありました。その店は、フルーンゼ通りの社宅から徒歩でジェルジーンスキイ通りの職場へ通う途中にあったので、ときどきふらりと覗いては面白そうなものを購《もと》め、加藤九祚著『シベリアに憑かれた人々』（岩波新書）を買ったこともありました。それから、専任の翻譯員の方が教えてくれたイストーミン通り五十七号棟の極東国立学術図書館分館二階の外国図書課へも、ちょくちょく通ったものでした。まだインター・ネットの「イ」の字すらなく日本の新聞や雑誌に触れる機会も殆んどなかったその頃は、兎に角日本語の活字に飢《う》えていたのでしたが、或るとき、露西亜の辺境を独りで旅する東京の友人が「これ、岡田くんにって預かってきたの。」と云って鞄から取り出してくれたのは、池澤夏樹さんの『夏の朝の成層圏』という文庫本でした。著者は、名前を目にしたことがあるくらいで作品を読んだことはありませんでしたが、無人島に漂着した一人の青年がそこで過ごした日々のことを綴り了えてから島を去るという設定のその物語りは、南方と北方の違いはあれ、どこか自分の置かれた境遇と畳《かさ》なるところがあり、作中で描かれる情景と紡がれる言葉は、旱《ひで》りに落ちる雨のように心に沁みたことでした。贈り主がどなたかは、謎のままですが、万年筆の黒いインクで「Окада、1990、秋、○○さんに頂く」と扉に録しておいたその本を手にするときには、いつも粋《いき》な計らいや匿名の善意に支えられていることなどすっかり忘れて大きな顔をしている自分に、呆れるばかりです。

冷房

ハバーロフスクの夏は、想っていたよりもずっと蒸し暑く、アムール河畔の白沙《はくしゃ》やヂナーモ公園の青草の上で水着姿の老若男女が肌を晒して本を披《ひら》いて寝そべっている光景をよく目にするほどで、緯度はもっと低いものの梅雨はないという北海道の夏のほうが迥《はる》かに凌ぎ易いのでは、と感じたことでした。露西亜極東で初めて迎えた夏の或る日、カール・マルクス通りの麒麟のように背の高い楊《トーポリ》の木蔭を拾いながらジェルジーンスキイ通りの職場へ着くと、いつものように印刷電信機《テレタイプ》の枯れ色の用紙に黒く印《しる》されたキリール文字《キリーリツァ》の原稿が机の上に置かれており、珍しいことにクーラーが誰もいない部屋に点いていました。窓際《まどぎわ》の床にでんと置かれた時代もののその装置は、右手の至近距離から直かに吹き付ける冷風で私を瞬く間に顫《ふる》え上がらせ、お負けに肚に響く凄まじい作動音を轟かせてもいたので、それでなくても稚児《ややこ》しい印度支那か東南亜細亜の情勢か何かがテーマの時事解説のテクストの読解がますます手に負えなくなってしまった私は、この野郎と冷房を停めてしまいました。ところが、昼過ぎに出勤してきたヴェテランの専任アナウンサーの方が、クーラーが点いていないといってそのまま帰宅されてしまい、課内は、騒然となりました。私は、私が出勤する前に露西亜語の原稿をチェックしたうえで翻訳員たちの机に配布してから読み合わせ《シチートカ》の時間まで職場を離れた編輯員が、予めそのアナウンサーに頼まれて冷房を点けておいた、という事情を知らずに、自分の都合で勝手にクーラーを切るという大それたことをしてしまったのでした。

そんなことがあったので、私は、ほどなく、冷房の風を避《よ》けるために、嘗《かつ》ては憧れの有江さんが使っておりそのときにはすでに永久欠番のように空《あ》いていた真向かいの机へ移ることにしました。そこは、共同通信社の世界年鑑や平壌《ピョンヤン》で出版された浩瀚《こうかん》なジャンル別の七ヶ国語辞典といった放送用原稿の翻訳に欠かせない種々《くさぐさ》の資料が収められている扉のない造り附けの書棚を背にして専任アナウンサーの小部屋を含めた日本課全体が見渡せるとても好い席でしたから、私は、草野球の球拾いがいきなりプロ野球の監督の椅子に納まってしまったような気がしたものでした。やがて、職場がアムール河畔の十階建ての放送センターへ移ると、夏の暑さそのものに変わりはないものの、五階の翻譯室の開け放たれた窗からは、ときおり爽やかな川風が入り、私は、クーラーのないその部屋でも短パン姿で割りと快適に仕事ができるようになりました。

絨毯

一九九〇年代には、露西亜の通貨である留《ルーブリ》の相場が下がると月給も外貨に換算すれば百弗《ドル》くらいにがくんと減ってしまうこともあり、そんな決して厚いとは云えない待遇のせいか、私たち放送局員が在留邦人から「入植者」と呼ばれているという噂も耳に入ってくるのでしたが、私は、どうせここで藁沓《わらじ》を脱いだのだからこのまま露西亜語の雨にでも打たれていようなどと後生楽《ごしょうらく》に構えていました。そんな訣で、年次休暇で帰国したときには、電車賃も儘ならず、たいていは、埼玉の実家に篭居《ろうきょ》して、図書館で借りた本を読んだり、近所をぶらついたりしながら、音無《おとな》しくしていました。あれは、初めての一時帰国に際してでしたか、その頃は、給与として受け取った留を外貨へ両替することができなかったので、私は、手持ちの留で亜塞爾拝然《アゼルバイジャン》製の絨毯を買って実家への土産にすることを想い附いたのですが、ソ連時代には、住戸《クヴァルチーラ》や電話やテレヴィや冷蔵庫などの供給が需要に追い附かず、それらの入手を希望する人は、予め登録をして何ヶ月も或いは何年も順番を待たなくてはならず、なんと、絨毯も、その対象に含まれているのでした。そこで、支局長に相談すると、路面電車《トラムヴァーイ》の線路沿いにあるクラスノレーチェンスカヤ通り百十一号棟の『黎明《ザリャー》』という家具工場に掛け合ってくれて、柄《がら》の違う二枚の絨毯を購うことができたのですが、よく考えると、私は、放送局の外国人専門職員という特権を利用して行列《オーチェレヂ》に割り込むことで見知らぬ誰かを斥《しりぞ》けたことになるのでした。ちなみに、ソ連で働く外国人専門職員には、特別の食料の配給が月に二回ありましたが、私は、そうした特権にも与《あずか》っていたことになるのでした。さて、半透明の厚手のビニール・シートで包《くる》んで確《しっか》り紐を掛けた海苔巻きのお化けみたいな絨毯をハバーロフスク空港の古色蒼然とした国際線ターミナルの入り口から搭乗カウンターまで膏汗《あぶらあせ》を滲ませて引き摺っていると、日本人と覚しき苦労人風の男性が、「土産に絨毯という手があったか、そいつは想い附かなかった。」と呟いて通り過ぎていくのでした。同じソ連という異邦に身を置くことになった同胞への惻隠の情というのでしょうか、まだ二十歳代なのにもう人生に草臥れている私には、その然《さ》り気《げ》ない一言が、「魔法の絨毯」ならぬ「絨毯の魔法」のように想えてくるのでした。

何処までも往ける、ジョバンニの緑色の切符《ビレート》。一九九六年四月二十七日に宮澤賢治の未完の童話『銀河鉄道の夜』を想い泛《う》かべながらパートナーのエカチェリーナさんと骰子《さいころ》でも抛るように見切り発車をして二〇一〇年九月二十五日まで足掛け十五年に亙って道草を食みながらのんびり続けさせていただいた自主制作番組『シベリヤ銀河ステーション』は、私にとって忘れえぬ番組となりました。同じ放送センターにある北海道新聞ハバーロフスク支局のIさんが、放送開始日の夕刊のコラム『海外こぼれ話』でこの新番組のことを録音室でマイクに向かう私たちの写真を添えて紹介してくれましたが、「スイッチひねって 極東の風感じて」というその記事の題名のように、私は、日本からは情報の真空地帯に想える露西亜極東と日本を隔てている見えない膜に毛筋ほどでも孔《あな》を穿《あ》けて風を通すことを夢想していたのでした。當時、ハバーロフスク支局は、開局して半世紀を迎えようとしていましたが、その存在は、「公然の秘密《オトクルィートイ・セクレート》」とされて一般には知られておらず、日本の聴取者も、弊局のアナウンサーの聲が専ら莫斯科《モスクヴァー》から届いていると信じて疑わず、私は、それがとても不自然に想われて生理的な息苦しさを感じ、支局の存在を公けにするよう上司に求めました。けれども、さっぱり埒が明かないので、莫斯科本局のリップマーン・レーヴィン日本南北朝鮮課長へ電報を打ったところ、自ら制作した番組の枠内で支局の住所をアナウンスしてもよいとの返答があったのでした。そこで、私たちは、朗読の番組を制作することにし、エカチェリーナさんが購読していた雑誌『灯し火《オゴニョーク》』（一九八九年の第二十三号と第二十四号）に掲載されていた米国に亡命中の露西亜のノーベル賞作家アレクサーンドル・ソルジェニーツィンの短篇小説『マトリョーナの家《マトリョーニン・ドヴォール》』を択びました。まず、エカチェリーナさんが、ソ連製のタイプ・ライターで露文を誌面から更紙へ写し、次に、私が、その更紙を見ながら辞書と首っ引きでシャープ・ペンシルと砂消しを使って原稿用紙の升目を貧しい譯語で埋め、その後《あと》、二人で、読み合わせ《シチートカ》をして誤りを直しながら譯文を整えていきました。漸《やっ》と準備が調ったその番組は、『露西亜文学の小径』と名附けられ、毎週木曜日に数週に亙って放送され、毎回、支局の住所が、放送の最後にアナウンスされました。ちなみに、その拙譯の原稿は、端なくも、一九九四年五月末に亡命先から露西亜へ帰国してヴラヂヴォストークのホテル『ヴラヂヴォストーク』に逗留した作家本人に渡されることになりました。さて、この番組で支局の存在を知った日本の聴取者からぽつぽつと手紙が届くようになると、私たちは、自主制作番組の第二弾として双方向的《インタラクティヴ》な番組を制作することにしました。『シベリヤ銀河ステーション』と名附けられたその番組は、一月《ひとつき》に百五十通ほど寄せられる聴取者の手紙やメールをできるだけ沢山紹介しながら音楽のリクエストに応えたり露西亜極東に関する質問に答えたり現地の容子《ようす》をインタヴューやルポルタージュの形で伝えたりする番組でしたが、制作に際しては、なるべく日露の接点に光りが當たるように心掛けてもいました。例えば、露西亜五人組の作曲家アレクサーンドル・ボロヂーンの歌曲を放送するときには、「ボロオヂンといふ露西亜名が何故ともなく幾度も思い出さるる日なり」という啄木の一首を添えてみたり。なお、番組で紹介される露西亜の詩や歌詞の拙譯は、リスナーズ・クラブ『ペーチカ』のホーム・ページに番組の内容と共に毎回掲載していただきましたが、その数は、最終回を迎える頃には、三百篇余りを数えていました。余談ながら、二〇一一年三月末に帰国してほどなく、母親が長いことボール箱に溜めておいてくれた新聞の切り抜きに目を通していると、二〇一〇年十月二十五日の朝日歌壇に掲載された「ありがとうございましたと言いし夜ざあざあと音せり閉局のラジオ」という一首に赤鉛筆で傍線が引いてあり、私は、愛知県豊橋市のFさんというその歌人は、二〇一〇年九月二十五日の土曜の晩に日本語放送を了えた弊支局のことを詠んでくれたのかも知れない、と恣《ほしいまま》な空想を膨らませたことでした。

レーニン通りの放送センターの録音室。一九九六年四月二十六日。自主制作番組『シベリヤ銀河ステーション』放送開始の前日。左は、筆者。右は、エカチェリーナ・メシチェリャコーヴァさん。撮影は、北海道新聞ハバーロフスク支局長の伊東正剛さん。

III　衣

帽子

晩近《ばんきん》、日本では、家屋の内外や季節の如何を問わず、ニットのキャップやフェルトのハットを防寒というよりお洒落のために冠《かぶ》っていると覚しき人をときどき目にしますが、十一月から三月までの五ヶ月は平均気温が氷点を下廻るハバーロフスクでは、冠り物《ゴロヴノーイ・ウボール》は、身を飾るためだけのものではなく、身を護るために欠かせないものでした。一九八九年十月末から放送局で働き始めてほどなく、真向かいの机の編輯顧問の有江さんが、中原中也風のぺらぺらな黒いソフト帽しか持っていない私のために、脱兎の如く翻譯室を飛び出して、カール・マルクス通り二十三号棟の中央百貨店《ツーム》で兎《クローリク》の毛皮の帽子を買ってきて、「取り敢えず、これでも冠っていたら。」と手渡してくれました。何処から分かったのでしょう、それは、寸法が私の頭にぴったりで、値段も赴任手當てで間に合う手頃なものでした。如何にも露西亜という感じのそのごっつい帽子は、見掛けによらずとても軽くて煖かく、無口な相棒のように私の鈍《なまくら》な頭を優しく包《つつ》んでくれました。露西亜の毛皮帽には、顱頂部《ろちょうぶ》の紐を解《ほど》けばぺろんと下ろせる耳蓋いが両脇に附いたウシャーンカと呼ばれるものもありますが、専任翻訳員のKさんに云わせると、耳蓋いのない型の帽子でも耳朶より上が隠れていればどんな寒さでも大丈夫なのでした。さて、一九九三年頃の或る冬の夜、レストランとバーを一緒に梯子した日本の新聞記者の方とホテル『ツェントラーリナヤ』の前で別れてからプーシキン通りを下って蹣跚《よろ》けながら塒《ねぐら》へ帰る途中、不覚にもウスーリ並木路《ブリヴァール》の池の畔りのふかふかの雪の布団で転《うた》た寝をしたことがありました。暫くして心地よく目覚めると、冠っていた毛皮の帽子が無くなっていましたが、幸い、羽毛外套の頭巾《カピュショーン》と酒の精の御蔭で、天窓《てんそう》がひんやりするくらいで寒くはありませんでした。それにしても、誰かさんに夜陰に乗じて掠《さら》われたらしいあの水貂《ミンク》の帽子は、今頃、何処の何方《どなた》が冠っているのでしょう。女性用の山吹き色の西比利亜鼬《ヤイタチ》の帽子、東京の友人が買ってきてくれた橄欖《オリーヴ》色の目出し帽、辻自動車《タクシー》の中に置き忘れたらしい黒い毛絲の帽子。露西亜では、いろいろな帽子のお世話になりましたが、帽子にも、夫々《それぞれ》の物語りがあるような気がします。

冬沓《ふゆぐつ》

冬の長沓《ながぐつ》も、二十余年の間《あいだ》に何足か履き替えました。最初に履いたのは、一番路線の路面《トラム》電車《ヴァーイ》の南の終点の傍にある場末の蚤の市風《バラホールカ》の青空市場で出遇ったユーゴスラヴィヤ製の黒い革沓《かわぐつ》でしたが、それは、とても丈夫で煖かく、何年も履けました。ちなみに、ソ連や露西亜では、沓のサイズには、糎《センチ》ではなくシュティフという単位が用いられており、一シュティフは、三分の二糎でした。私は、日本では二十七糎の短沓や深沓を履いており、露西亜では沓《くつ》下《した》を褶《かさ》ねて履くので多少余裕のある四十二シュティフ（二十八糎）か四十三シュティフ（二十八、六六六……糎）の冬沓《ふゆぐつ》を履いていましたが、勇み足で四十四シュティフ（二十九、三三三……糎）のブーツを買ってしまったときには、遉《さすが》にぶかぶか過ぎて、中敷《スチェーリキ》きならぬスリッパ《ターポチキ》を敷くなどの工夫をしてみたものの、どうにも歩き辛いので、とうとう自分で履くのを諦めて、履いてくださる方に差し上げたことでした。輓近《ばんきん》、地産地消というよりも単に安くて長持ちしそうなので購《もと》めたのですが、ハバーロフスクから西へ風船ガムを膨らませたように広がる猶太《ユダヤ》自治州の州都ビロビジャーンの工場で作られたとても履き心地のよい素朴なデザインの黒のブーツを愛用していました。ちなみに、その町には、昔ながらのフェルトの長沓《ヴァーレンキ》を生産するその名も『冬《ジマー》』という工場がありました。フェルトの長沓は、街中《まちなか》では履いている人を余り見掛けなくなりましたが、市内の量販店や作業服専門店では露西亜製や白露西亜《ベラルーシ》製のカラフルな子供用のものや鶸茶《ひわちゃ》や鶸鼠《ひわねず》の大人用のものを目にすることがあり、今も根強い人気があるようです。私は、市内の熱電併給火力発電所《テーツ》から太いパイプで運ばれる温水が各家庭のラジエーターを循環する集中煖房シーズンが始まる前や終わった後の室内が寒いときに、自宅でフェルトの長沓を足温器代わりに履いていました。底が丸っこいので起き上がり小法師《ヴァーニカ・フスターニカ》のようにぐらつく感じもありましたが、丈が蹠《あしうら》から膝くらいまであって煖かく、胴周りもゆったりとして心地好いので、冬は露西亜の寓居よりもずっと寒い埼玉の実家でも使えそうに想われて、セールィシェフ通りとコムソモーリスカヤ通りの角にある軍人用商店《ヴォエントールグ》で余分に何足か買い込んで、天井下の物置き棚《アントレソーリ》へ抛り込んでおいたのですが、忘れた頃に取り出してみると、どうも蟲に喰われたらしく、内側が蜘蛛の巣状態なので、そのまま棄てるしかありませんでした。そこは、ぽかぽかとした隠れ処とあって、蟲たちにも居心地が好かったのでしょう。知っていたら蟲干しをしていたのにと悔やまれましたが、後の祭りでした。當節は、フェルトの長沓のような形のパステル・カラーの可愛いらしいブーツも、露西亜の乙女たちの間《あいだ》で流行っているようで、底一杯で雪を踏み締めるそんな長沓《ながぐつ》を履いた夢見がちの少女と独楽の芯のように鋭い踵《かかと》のピン・ヒール・ブーツで闊歩する粋《いき》な淑女が擦《す》れ違う雪の街も、趣き深いものですが、オイミャコーンやヴェルホヤーンスクといった「世界の寒極」と呼ばれる町があるサハ共和国《ヤクーチヤ》の寒さには、そんな沓では歯が立ちません。二〇〇六年一月下旬に同共和国の主都ヤクーツクを訪れたとき、私は、ハバーロフスクで履いていた革の長沓を履いて零下五十度ほどの戸外に半時間ほど佇《た》っていると爪尖《つまさき》が疼き始めましたが、地元の人たちは、エヴェーンク語で「長沓」を意味するウントィーという馴鹿皮《トナカイ》の長沓を履いてにこにこしており、これならどんな寒さでも平ちゃらと太鼓判を捺すのでした。その後《あと》に訪問したサハ人の民家でマーブル模様の洒落たウントィーを試しに履かせてもらうと、煖かさも然《さ》ることながら見掛けによらぬ余りの軽さに拍子抜けしてしまいました。馴鹿《トナカイ》の天使の翼、そんな惹句が泛《う》かぶほどに。

蝗蟲《いなご》

あれは、ソ連時代末期の一九九〇年の孟夏《もうか》でしたか、或る日、蝗蟲《いなご》の大群が、煤《くす》んだ単彩《モノクローム》の街に押し寄せました。とは云え、蟲のことではありません。同じ柄《がら》の嫩草色《わかくさ》のT襯衣《シャツ》が品薄の市場《しじょう》に出廻り、人々が挙《こぞ》ってそれを購《もと》めていたので、そんな風に見えたのでした。なんとなく、日本の蹴球《サッカー》の応援団がスタヂアムを一色に染める赤や青のユニフォームや日本の学童の登下校を看守るパトロール班の父兄が揃って羽織る黄緑のウィンド・ブレーカーが連想されましたが、物不足による連日の行列《オーチエレヂ》や社会を覆う閉塞感に倦み疲れていつも暗く沈んだ表情をしていた庶民は、兎にも角にも明るい色合いに飢《かつ》えていたのかも知れません。余談ながら、その頃とてもお世話になっていた露西亜人の新婚夫婦に、お礼に何か贈り物をしたいのだけれど何が好いと訊ねると、派手なT襯衣《シャツ》が欲しいというので、実家の母親に頼んだところ、ディズニーやバットマンか何かのアメリカン・コミックの図柄の鮮やかな捺染襯《プリントシャ》衣《ツ》が送られてきて、それらを差し上げると甚《いた》く喜ばれ、心を浮き浮きさせる色の魔力を感じたことでした。

合羽《かっぱ》

独り身だった頃、暑くも寒くもない初秋の曇天の日に、短パン姿の上から合羽《かっぱ》みたいに薄手の黒いコートを纏《まと》い、鴉のような姿でトロリー・バスに乗り、露西亜人の友人夫婦の家を訪ねたことがありましたが、呼び鈴を聞いて扉を開けた夫君は、脛《すね》が剥き出しの私を見るや、目を皿にして言葉を失いました。帰りは、彼が貸してくれた長洋袴《ながズボン》を穿《は》いてしおしおと家路を辿りましたが、私は、あんな姿をしたことで何かを踏み外してしまったのかも知れないと感じる一方で、これは常軌とか常識などと呼ばれるものとの釦《ボタン》の掛け違いに過ぎないのだから気にしなさんなという誰かの聲を聞いてもいるのでした。そう云えば、渡露の前には、スコットランドのスカート風の伝統衣装であるキルトを真似たわけではないのですが、ハロウィーンでもないのに母親に藉《か》りたスカートを穿いてパーティーへ出掛けてみたり、浴衣と下駄で埼玉の実家から東京の職場へ通っていた或る夏の朝、近所の目を気にしたらしい母親にその桐の下駄を何処かへ隠されてしまったりしたことも、ありました。そんなことを想い出していると、親心とか老婆心といった言葉や「郷に入っては郷に従え」と同じような意味の「狼と暮らすなら狼のように吠えよ《ス・ヴォルカーミ・ジーチ、ポ・ヴォールチイ・ヴィーチ》」という露西亜の俚諺《ポスローヴィツア》が泛《う》かんでくるのでしたが、日本正教会翻譯の新約聖書を披《ひら》けば、マトフェイに因る聖福音第六章三一に「故《ゆゑ》に慮《おもんぱか》りて、我《われ》等《ら》何《なに》を食《くら》ひ、或《あるひ》は何《なに》を飲《の》み、或《あるひ》は何《なに》を衣《き》んと云《い》ふ勿《なか》れ」とあり、矛《ほこ》と盾《たて》の間《あいだ》を漂《ただよ》う孑孑《ぼうふら》みたいな私は、「狼」の代わりに「孤独」という文字を目薬のように心の真ん中へ點じてみたりするのでした。ちなみに、雑誌『暮しの手帖』の創刊者である花森安治《はなもりやすじ》という方がスカートを穿いていたことを知ったのは、ずっと後《あと》のことでした。

領帯《エピタラヒリ》

ネクタイは、中国語では「領帯《りんだい》」と表記され、正教会の司祭が首に掛けて両肩から胸の前へ長く垂らす祭服の一つ「エピタラヒリ《イエピトラヒーリ》」も、漢字では「領帯」と表記されるそうですが、ネクタイのことを考え始めると、私の頭は、巧く結べないネクタイのようにこん絡《がら》がってきます。日本と同じように露西亜でも一寸畏《ちょっとかしこ》まった席ではネクタイをする人が多いようで、普段はネクタイをしない私も、極く稀にネクタイをすることがありましたが、そんなときには、ネクタイをした自分をもう一人の自分が気の毒そうに瞶《みつ》めているような気がするのでした。

たかがネクタイ、されどネクタイ。ネクタイをするかしないかは、その人の自由であると共に責任でもある、なぜなら、ネクタイを首へ巻いて喉笛の辺りに御田《おでん》の昆布のようなものを拵えるのは、他《ほか》ならぬその人自身の手や指の尖《さき》なのだから、などと考えていると、一九九〇年代の半ばにハバーロフスクの放送センターでインタヴューに応じてくださった日本人の聲楽家の女性から伺った逸話が、想い出されます。なんでも、世界に名を馳せる日本人の指揮者が維納《ウィーン》の日本国大使館での新年会にノー・ネクタイで出席しようとしたところネクタイを着用するように諭されたとのことでしたが、それを聞いて、私は、タクトというたった一本の棒でオーケストラを統べてハーモニーを創って聴衆の心を擒《とら》えることのできる人がネクタイというたった一本の帯に絡めとられて頑是ない子供のように駄々を捏ねている図を想い泛《う》かべ、悲劇と喜劇の合《あわ》いに立たされたような気持ちになりました。それから、三島由紀夫や丸山健二や多和田葉子といった作家の日本語の小説をグリゴーリイ・チハルチシヴィーリという本名で露西亜語へ翻譯することでも知られる露西亜の人気作家ボリース・アクーニンさんが暑い盛りに莫斯科《モスクヴァー》の日本国大使館へ招かれた際にてっきり「クール・ビズ」かと想ってノー・ネクタイで出掛けたら会場の日本人はみんなネクタイをしていたという笑えない逸話を披露していたのを、新聞か何かで読んだ記憶もありますが、ネクタイに関して云えば、露西亜のほうが日本よりも頓着がなく縛りが弛く同調の圧力が低いような気がします。ちなみに、一九八〇年代末から一九九〇年代初めにかけてのソ連および露西亜の民主化運動の旗手の一人で一九九一年から一九九二年にかけて莫斯科市長を務めたガヴリイール・ポポーフさんは、いつも草臥《くたび》れた襯衣《シャツ》にセーターというラフな恰好をしており、私は、この市長がネクタイをしているのを見たことがなく、その飄乎《ひょうこ》とした姿に莫斯科っ子の大らかさや屈托のなさのようなものを感じたことでした。それから、あれは、在ハバーロフスク日本国総領事館主催のレセプションの際でしたか、顔見知りの地元のテレヴィ局に勤める女性が立食パーティーの会場の壁際からネクタイに背広という普段とは違った私の姿を目にしたときの蔑むような愍《あわ》れむような顔の表情も、ふと瞼裏《まなうら》に泛かんできますが、その眼差しは、恰《まる》で「貴方《あなた》も、同じ穴の狢《むじな》なのね。」と告げているようでした。他《ほか》にも、ネクタイを想うときに私の脳裡を過《よぎ》るものが、幾つかあります。それは、渡露の前に日本の戦後詩百選を収めた『現代詩の展望』（思潮社）という本で出遇った清水昶《あきら》さんの『少年』という詩を結ぶ「きれいなタオルを持った少年は／わたしの背後にひっそりとたち／けっしてふりむくこともなく老いるわたしを／いつまでも／待ちつづける」という言葉、滞露中に読んで拙《つたな》い翻訳をした「ネクタイをしない人：宮澤さんを偲んで」という露西亜の俳優セルゲーイ・ユールスキイ氏の追悼文（月刊誌『外国文学《イノストラーンナヤ・リチェラトゥーラ》』（二〇〇〇年・第二号）所収。群像社の冊子『追悼 宮澤俊一』に長井康平さんの邦訳が掲載されています。）、そして、帰国後に近所の図書館で借りた世界文学全集（池澤夏樹＝個人編集、河出書房新社）所収の石牟礼道子《いしむれみちこ》さんの三部作『苦海浄土《くかいじょうど》』で出遇った「ネクタイコンブ」という呼称などです。

下帯《したおび》

ハバーロフスクの夏は、日本のそれより短いもののかなり蒸し暑いので、私は、盛夏にはさらさらして気持ちのいい下帯《したおび》を愛用していました。それは、一時帰国の折りに日本から買っていった晒し木綿で妻が何本か縫ってくれたものでした。ちなみに、亡き父も、旧い世代だったせいかも知れませんが、ブリーフやトランクスよりも越中褌を好み、私と姉が学童だった時分に夏休みには極《き》まって家族で母方の親戚と共に水浴びに行った茨城県日立市の鵜の島海岸でも、汀でやおら甚平を脱いで褌一丁になると、一瞬気圧された周囲の目を憚ることもなく及び腰の私の手を曳いてすたすたと熱い沙の上を渉り、こちらの足が立つか立たないかくらいの浅瀬で一頻り私に泳ぎの手解きをしてから、少し沖へ遠退いて独り気持ちよさそうにひらひらと抜き手を切っていましたから、私の下帯への愛着は、やはり父親譲りなのかも知れません。ところで、當節、日本の文化が海彼《かいひ》にて高く評価されている現象若《も》しくはその対象を指す「クール・ジャパン」なる言葉が人口に膾炙《かいしゃ》していますが、和食や風呂敷きやアニメーションなどと共に文字通りクールな下帯もその部類に含まれても奇怪《おか》しくないように感じるのは、私だけでしょうか。仄聞《そくぶん》するところでは、パンツを穿《は》かずに専ら褌を用いるという若手の歌舞伎俳優もいるそうな。それから、褌はてっきり男が締めるものと想っていましたが、腹部の手術の際に使った褌を今も身に着けることがあると知り合いの女性から伺ったことがあるので、若しかすると女性にも受けるかも知れません。そのうちにチェブラーシカやマトリョーシカが捺染《プリント》された可憐な褌が新たな流行《ファッション》として注目され、やがてフロシキやフンドシといった古風な日本語もカワイイなどと同様に世界の共用語になるかも知れない、そんな埒もない空想に耽っていると、北欧のスナフキンが極東の一反もめんに跨って西比利亜《シベリヤ》の空を辷《すべ》ってくるようなイメージが、湧いてくるのでした。

沓下《くつした》

冬の部屋は、窓《まど》の木枠の透き間へ洋匕《スプーン》の柄《え》を使って綿をぎゅっぎゅっと詰め、ガム・テープより一廻り小さい市販のロール状の目張り紙を適當な長さに切り、糊などの接着剤では剥がれ易いので家事用石鹸を溶いた水を用いて目張り紙をそれらの透き間を塞ぐように貼り附けておけば、或いは、温水が絶えずラジエーターを巡っている集中煖房の効きが十分でありさえすれば、そんな手間を掛けなくとも、煖房用のパイプの破損やシステムの故障がない限りは昼も夜もぽかぽかなので、私は、衣服は沢山着込まなくとも平気でしたが、沓下《くつした》はたいていニ枚褶《かさ》ねて履いていました。そして、針と絲で綻びも繕わない横着者と云われればそれまでですが、沓下に孔が開いてしまったら、孔が隠れるように褶ねて履くのでした。そんな小細工をしていると、そのうちに左右の色が揃わなくなるのでしたが、別に気にもならず、却ってそんな鎮具破具《ちぐはぐ》な沓下を履くのが愉快になっていきました。或る朝、いつものように三階の寓居から一階と二階の間《あいだ》の階段の踊り場にある集合郵便受けまで新聞を取りに行こうとサンダルを突っ掛けると、玄関越しに人の気配がするので、扉を細く開けて覗いてみると、数人の若者が二階と三階の間の階段の踊り場に屯《たむろ》してお喋りに花を咲かせています。そのまま階段を下りて軽く会釈でもしながら彼らの前を横切ってもよかったのですが、二の足を踏んで少し間を措くことにしたのは、二色の足許《あしもと》を見られて失笑を買った場合に照れ笑いを返すのが面倒だったからかも知れません。二色と云えば、高校の蹴球部《サッカー》の練習の際にも、私は、左足だけに孔が開いた運動沓の右足と右足だけに孔が開いた運動沓の左足を組み合わせた二色の運動沓で走り廻っていたことがありましたが、割りと最近、左右色違いのスパイク・シューズを臆することなく當たり前のように履いている陸上や蹴球の選手をテレヴィで目にしたときには、遠い青春時代が懐かしまれると共に、世間の常識や社会の通念というものはいつ外されても奇怪《おか》しくない梯子のように當てにならず、そんなものに振り廻されてばかりいると肝心なものが見えないまま人生が畢《お》わってしまうのではないか、という気がしてくるのでした。蛇足ながら、帰国後、瑞典《スウェーデン》の児童文学者アストリッド・リンドグレーンの童話『長《なが》沓下《くつした》のピッピ』の主人公の少女が履いていた沓下も色違いであったことを晩蒔きながら知ったときには、胸の空く想いでした。ともあれ、あの二色の藁沓《わらじ》ならぬ沓下は、誰も知らない我が家の細《ささ》やかな露西亜アヴァンギャルドなのでした。

外套

台所《クーフニャ》の窗《まど》の木枠の外側には、氷点の上下五十度くらいまで外気温を測れる棒状の寒煖計が小さな釘で縦に打ち附けられていて、外へ出るときには、内を向いたその目盛りを覗いてから着る物や履く物や冠《かぶ》る物を択《えら》んだものでした。尤も、真冬には、二重の窗硝子に水蒸気が白く氷《こお》りついて目盛りが見えないこともよくあるのでしたが。さて、手元の和露や露和の辞典をあれこれと披《ひら》くと、外套を意味する単語がいろいろと出てきます。パリトーは、総称。マントーは、裾の広い婦人外套。マーンチヤは、裾の長いマント。シューバは、冬外套や毛皮外套。シニェーリは、制服外套やインヴァネス・コート。私がハバーロフスクで初めて着た外套は、晩秋に着任してほどなく日本課長が取り敢えずこれでもと貸してくれた波蘭土《ポーランド》製の厚手で細身で裾長《すそなが》の黒いオーヴァーで、私は、アンジェイ・ワイダ監督の映画に出てきそうなシックで落ち着いた感じのその外套がとても気に入ったのですが、課長は、ここの冬はそれではとても凌《しの》げないと放送局のジープでカール・マルクス通り五十九号棟の衣料品専門《ドーム・オヂェージ》店《ドィ》へ連れて行ってくれました。私は、品揃えが乏しくてがらんとした二階の紳士服売り場で、二つか三つくらいしかない選択肢の中から、ソ連製の黒い人工毛皮《フェイク・ファー》の毛皮外套《シューバ》を択びましたが、それは、ふわふわもこもこしており、頭のない熊の着包《ぐる》みのようでした。この外套は、それを着て混み合うバスや中央百貨店《ツーム》や中央食料品店《ツェントラーリヌイ・ガストロノーム》の中にいると汗ばむほどで、防寒の点では申し分ないのでしたが、びろんと開《はだ》けてしまう衿が邪魔になって足許《あしもと》がよく見えないという難点があり、それでなくとも雪道に不慣れな私は、幾ら用心していても面白いように氷に足を取られて転んでしまうのでした。若しかすると、坂が多いうえにいつも分厚い辞書を肩掛け鞄《ショルダー・バッグ》に入れていたせいで躰の平衡が崩れ易かったのかも知れませんが、そのうちに、後ろへ引っ繰り返ることはあっても前へ引っ繰り返ることはないことに気附き、辷りそうな場所では鞄を胸に抱えて人鳥《ペンギン》のように前屈みで歩くことを覚え、転んで尻や頭を強《したた》か打つことも滅多になくなりました。この模造の毛皮外套は、煖かいものの兎に角重たくて着ているだけでも疲れてしまうので、次の冬には、初めて冬の長沓《ながぐつ》を買った場末の青空市場で見附けた中国製の鳩羽《はとば》色の羽毛ジャケットを着るようになりましたが、それは、持参の空罐へ定まった量を注《そそ》いでもらう配給の向日葵《ひまわり》油を買いに行くたびに袖口が油で汚れてしまい、ほどなく肉体労働に従事する義弟の冬の作業服と化しました。けれども、羽毛の軽さそのものは気に入ったので、その次も、やはり中国製の今度は木賊《とくさ》色で頭巾《カピュショーン》附きの羽毛コートを購《もと》めたのですが、縫製が麤笨《そほん》なせいか、そのうちに羽毛が裏地の縫い目から脱け出して内に着たセーターやジャケットに附着するようになりました。妻に裏地をもう一枚縫い附けてもらうと脱け毛は防げたのですが、何年も着ていると表地の袖口などの部分が擦り切れてきたので、東京に住む姉に通信販売で米国から取り寄せてもらった中国製の橄欖《オリーヴ》色の頭巾附きの羽毛コートに替えて、露西亜を離れるまで冬場はずっとそれで通していました。ハバーロフスクでは、一時期、毛皮外套よりもお洒落な感じの鞣し革製半外套《ドゥブリョーンカ》が流行りましたが、上質の軽いものではなく重くて肩の凝りそうなものばかり流通していたせいか、次第に見掛けなくなりました。それから、一九八九年の晩秋でしたか、露西亜人の友人から兵役時代に着ていたという兵士用外套《ソルダーツカヤ・シニェーリ》を譲り受けましたが、遉《さすが》にソ連の兵士でもない私がこれを着て街を歩くわけにもいかないので、露西亜のアウト・カーストの歌を唱い続ける東京の友人であるIさんに舞台衣装にと差し上げたことでした。着なかった外套と云えば、一時帰国の際に亡き父の友人に戴いて露西亜へ持っていった「鳶《とんび》」にもとうとう袖を通す機会がありませんでしたが、妻の母校でもある極東国立人文大学で日本語クラブ所属の学生さんたちが演じる『金色夜叉』の貫一とお宮の寸劇をたまたま拝見したときには、事前に知っていたら我が家の「鳶」を使ってもらえたのにと臍《ほぞ》を噬《か》んだことでした。それから、烏克蘭《ウクライナ》出身の小説家で劇作家のニコラーイ・ゴーゴリの作品に『外套《シニェーリ》』という中篇小説がありますが、二〇〇九年の文豪の生誕二百周年を記念して露西亜で数種類発行されたセピア色の切手の中には、この小説を題

ふくら雀と寒暖計。二〇一〇年一月十三日。プーシキン通りの寓居で。

材とするインヴァネス風の外套を配《あしら》ったものもあり、日本の聴取者への返信用封筒によく貼らせていただきました。主人公のアカーキイ・アカーキエヴィチ・バシマーチキンは、筆耕を仕事とするしがない下級官吏ですが、その哀れな風情は、やはり紙とペンとインクを用いて拙《つたな》い翻譯に明け暮れる冱《さ》えない放送局員の我が身と畳《かさ》なり、私の心は、いつもゴーゴリの外套を纏《まと》っているかのようでした。

VI 食

氷菓子《アイス・クリーム》

ソ連の氷菓子《アイス・クリーム》は、世界で一番美味しいそうだけれど、外国のものと食べ比べたこともないのに、どうして判るの。アイスと云えば、そんな一口咄《アネクドート》しが想い出されますが、露西亜の人が氷菓子好きなことは慥《たし》かなようで、スタカーンチクという文字通りコップの形をしたコーン・カップごと食べられるものや、ブリケートというどこか四角いバターの塊りを紙で包《くる》んだようにも見えるヴァニラ味のものや、エスキモーというチェブラーシカが登場するソ連の人形アニメーション映画で鰐のゲーナが手風琴《ガルモーシカ》を弾きながら歌う誕生日の唄にも出てくるチョコレートでコーティングされた棒附きのものなど、お好みの氷菓子を舐めたり齧ったりしながら街を漫《そぞ》ろ歩く人の姿は、夏ばかりでなく冬にも目にすることができました。日本より緯度の高いハバーロフスクの夏は、見えない空の梯子を一気に駈け上《のぼ》るように暑くなりますが、ソ連時代には、そんな季節に街角で氷菓子が売りに出されると、忽ち長蛇の列ができました。かんかん照りの或る日、カール・マルクス通り十九号棟の映画館『ギガーント』の傍にスタカーンチクの入った段ボール箱が山と積まれ、食料品店の従業員と想われるお下げ髪の白衣の乙女が、一人で気丈に売り捌き始めたのですが、哀しいかな、冷凍函も保冷剤もないので、炎天に晒された氷菓子は、どうしても少しづつ融けていきます。列に竝んで順番を待っていると、孫らしき幼女を逞しい片腕で抱っこした気の強そうな女性が、「こんな融けたのぢゃなくて、ちゃんとしたのに替えて。」と目を三角にして詰《なじ》るように註文を附けたので、売り子さんは、その剣幕に気を呑まれて暫し立ち竦んでしまいました。すると、列の後方にいた鉛筆みたいに痩せた青年が、「ぼくは、これでいいよ。」と云って哥玉《コペーイカ》をカルトン代わりの小皿にぱちんと置き、融けて崩れそうな氷菓子を手にして風の如く去っていくのでしたが、その場面は、どこかプッチーニの歌劇『ラ・ボエーム』の貧しい詩人ロドルフォと胸を病む少女ミミの初めての出逢いを想わせる、一つのメルヘンのようでした。

烏賊《イカ》

あれは、初めての非番の日でしたか、慥《たし》かレーニン通り五十一号棟の『大洋《オケアーン》』というハバーロフスクで一番大きな魚屋へ、処女航海さながら、足を運んでみました。店内は、硝子張りのプールのように広くて明るくて天井が高く、売り子さんたちのお喋りも、反響のせいか、どこか曇《くぐも》って聞こえて、私は、水族館の巨きな水槽へ放された目高か口細になったようでした。フロアには、蓋《おお》いのない大型の冷凍函が島のように列なり、その中には、薄《うっす》らと霜を纏《まと》った鱈や鰈《カレイ》や魹《ホッケ》などがビニール袋に数尾づつ小分けにされて魚種ごとに転がり、壁際の棚には、透明なソ連産の白樺ジュースと赫い勃爾牙利亜《ブルガリヤ》産の蕃茄《トマト》ジュースのどちらも三立《リットル》入りの罎が、前衛的なインスタレーションのようにどこまでも竝んでいるのでした。入り口を入って直ぐ左手には、惣菜を売る一隅があり、硝子函の中を覗くと、烏賊《イカ》のメンチ・カツや茹でた下足などが矩形の盆に盛られており、ソ連にもこんなものがあるのかと甚《いた》く感激したことでした。幸い、社宅の冷蔵庫には、外国人向けに配給されるバターがいつでもあったので、独り身の頃には、手間の要らない下足バターばかり食べていたこともありました。所帯を持ってからは、冷凍でも活きの好い烏賊が丸ごと売られるときには、妻が鹽辛《しおから》を作ってくれましたが、細く切った身や足に腑《ごろ》と鹽を混ぜて冷蔵庫で寝かせておくだけのその鹽辛は、御飯にも火酒《ヴォートカ》にもよく合いました。それから、烏賊や海老や帆立てなどを妻が麵麭《パン》粉で揚げてくれる大晦日には、年末恒例のエリダール・リャザーノフ監督のソ連の悲喜劇映画『運命の皮肉、若しくは好いお風呂で！』などをテレヴィで観ながら私が烏賊の皮を剝くのでしたが、そろそろ酒盃《グラス》に手を伸ばしたい時間なのに、樺色《かばいろ》の外皮はなんとか剝けても半透明の薄膜はなかなか剝けてくれないので、罪のない烏賊を恨んだりしたこともありました。それと、始点の停留所『中央市場』から二十番のバスに半時間ほど揺られて終点の停留所『国際ショッピング・センター・ヴィーボルグスキイ』で降りて直ぐのノヴォヴィーボルグスカヤ通りの通称「中国市場」では、中国産の米や白菜や春菊や苹果《りんご》飴を想わせる糖葫蘆《タンフールー》などと共に、朝鮮半島産の小振りの鯣《するめ》が売られていて、何度か購《もと》めたことがありましたが、やがて、小袋にパックされた沿海地方産の裂き烏賊が、お馴染みの麦酒《ビール》の抓《つま》みとして、ピスタチオやポテト・チップスやクルトン風スナック菓子《スハーリキ》などと共に、売店《キオースク》やスーパー・マーケット《スペルマールケット》や屋外《レートニエエ》のカフェ《・カフェー》の棚に竝ぶようになりました。

イクラ

イクラと云えば、日本では、鮭や鱒の卵のことですが、露西亜では、魚の卵ならみんなイクラーと呼ばれていました。寮から社宅へ移ってさっそく冷蔵庫を開けてみると、イクラーの罐詰めがあったので、直ぐにぴかぴかの朱い顆々《つぶつぶ》を想い泛《う》かべたのですが、レッテルをよく見ると、鯳の卵《イクラー・ミンターヤ》すなわち鱈子なのでした。罐詰めの鱈子は、ペースト状に加工されており、鹽がよく利いているので、そのまま麵麭《パン》に載せれば、カナッペやオープン・サンドになり、アルミ箔に包《つつ》んで焼けば、鱈子の振り掛けになりました。ちなみに、鯳《スケトウダラ》は、中国語や朝鮮語では明太子の明太だそうで、露西亜語でもミンターイなので、音《おん》がよく似ています。それから、鰊の卵は、一九九〇年代前半でしたか、鹽漬けの数の子に玉葱の薄切りを添えてマリネ風にしたものが食料品店で売られるようになり、四月半ばの時ならぬ雪の日に試しに買って日本の正月を懐かしんだこともありました。なお、露西亜語では、鮭鱒類の卵は、赤い《クラースナヤ》魚卵《・イクラー》、蝶鮫類の卵《キャヴィア》は、黒い魚卵《チョールナヤ・イクラー》と呼ばれていますが、アムール河には、大きいものでは重さが一瓲《トン》にも長さが五米《メートル》にも齢《よわい》が半世紀にも達するダウリア蝶鮫《カルーガ》という蝶鮫が棲息しており、地元のレストランの品書き《メニュー》には、これを使った料理があり、ハバーロフスクの中央食料市場では、その卵が売られていました。ちなみに、キャヴィアは、慥か一人二百五十瓦《グラム》までしか国外へ持ち出せませんでしたが、或る年の夏、同行通譯をさせていただいた北海道のアイヌの方たちが、中央食料市場で土産に買った半透明の円盤形のポリ容器に入った一瓩《キロ》詰めのキャヴィアを通関の際に芋蔓式に没収されそうになったときには、空港まで見送りに来た地元のナーナイ人の方が、それらをみんな預かってくれたことでした。それから、鱈の仲間であり露西亜語ではナヴァーガと呼ばれる氷下魚《コマイ》若《も》しくは寒海《カンカイ》の卵も、忘れられません。冬とは云えもう「光の春《ヴェスナー・スヴェータ》」が感じられる頃になると、中央食料市場の露天では、かちんかちんに凍ってどこか曲藝の棍棒を想わせる淡いクリーム色のこの魚が盛んに売られるようになりますが、身よりも卵のほうが大きいほど腹がぱんぱんに膨れた雌のムニエルは、味が上品であっさりしており、御飯の御菜《おかず》や火酒《ヴォートカ》の肴《さかな》として、卵の辺りに醤油を滴《た》らして何尾でも食べられました。そう云えば、イクラには、魚の卵の他《ほか》に野菜のイクラ《オヴォシチナーヤ・イクラー》なるものもありました。これは、茄子や南瓜や翠玉瓜《ズッキーニ》や火焔菜《ビート》といった野菜や茸を茹でてから肉挽き機で細かくし、大蒜《ニンニク》と玉葱を加え、酢、鹽、胡椒、植物油で味を調え、よく熱を加えたもので、市販の罐詰めや罎詰めもあるようでしたが、職場の昼休みに自家製のこの御菜をたっぷりと麺麭《パン》に載せて頰張る露西亜人のタイピストの横顔や、彼女が最後の一口を罎の底から刮《こそ》げ取るときに大きな匙が硝子ときゅっきゅっと擦《こす》れ合う音は、今も瞼裏《まなうら》や耳底に残っています。

瓜

あれは、ソ連時代末期の一九九〇年二月の半ばでしたか、ハバーロフスクで初めて過ごした冬の終わりにカール・マルクス通り七号棟の二階建ての殺風景な青果店で瑞々しい胡瓜《キュウリ》の山を目にし、まさに拯《すく》われる想いをしたのは。それは、温室栽培と覚しき矢鱈と大振りで持ち重りのする胡瓜でしたが、久しく口にしていない生の蔬菜《そさい》は、身も心も霑《うるお》してくれる命の水《ジヴァーヤ・ヴォダー》に感じられ、白い冬の画布に緑の絵の具をぎゅっと絞ったようなその色彩は、こんな自分でもこの町でなんとかやっていけるかもという気にさせてくれる無言の聲援《エール》に想えたことでした。やがて、春が過ぎて夏が来ると、露地物の胡瓜が市場や街角に出廻るようになり、私は、日本では余り見掛けない薄緑色の小振りで寸胴のものが気に入って、捥ぎたてらしきものを一山買ってきては、颯っと水で洗って丸齧りしていました。それから、露西亜では、胡瓜の漬け物がとても好まれ、我が家でも、妻がよく拵えてくれました。水一立《リットル》當たり鹽《しお》大匙一杯と砂糖小匙一～二杯を入れ、蒔蘿《イノンド》（ディル）の花、大蒜《ニンニク》の茎、酸塊《スグリ》や西洋山葵《セイヨウワサビ》（ホース・ラディッシュ）の葉、姫茴香《ヒメウイキョウ》（キャラウェイ）や西洋茴香《セイヨウウイキョウ》（アニス）の種などの香辛料と共に胡瓜をそこへ漬け込み、そのまま冷蔵庫へ入れれば、浅漬けになり、暫く常温で保存すれば、ピクルスになるのでした。また、量《はか》り売りされる樽漬けの胡瓜の癖になりそうな二つとない味わいも、捨て難《がた》く、仕事の帰りにレーニン通りとカリーニン通りの角の青果の売店《キオースク》を覗いては、「なるべく小さいやつを、二、三本。」などと顔馴染みの売り子さんに小窓《こまど》越しに告げて、晩酌の火酒《ヴォートカ》の肴に購《もと》めたりしたものでした。嘗《かっ》ては、多くの家庭で、護謨《ゴム》のパッキンが附いた市販の金属製の円い蓋を専用の工具で二立入りや三立入りの広口罎《ひろくちびん》へ取り附けて密封させた越冬用の胡瓜や蕃茄《トマト》の罎詰めを作っていて、バスや市電の停留所では、年金生活者と覚しき人たちがそんな自家製の罎詰めを数冊の古本などと共に箱か台の上に竝べて売っており、鉄道駅の無蓋《むがい》の歩廊《プラットフォーム》では、肝っ玉母さんみたいな女性たちが胸を張ってご自慢の胡瓜漬けを旅人たちに売っていたものでしたが、そんな光景は、今も見られるのでしょうか。西瓜《スイカ》は、日本の俳句では、秋の季語だそうですが、ハバーロフスクでは、八月から九月にかけてよく目にし、十月の聲を聞いても売られていました。地元産の他《ほか》に、南隣りの沿海地方、烏茲別克斯坦《ウズベキスタン》の首府タシケーント、キャヴィアの産地としても有名な裏海《カスピ》沿岸部の露西亜の都市アーストラハニのものなどが、売られていましたが、「世界の寒極」と呼ばれるサハ《ヤクーチヤ》共和国のオイミャコーン村でも栽培されているという記事を読んだときには、この瓜の逞しさを想ったことでした。西瓜には、球形のものと闘球《ラグビー》ボールにそっくりな長球状のものがありましたが、甜瓜《メロン》は、殆《ほと》んどが後者であり、クリーム色の表皮が薄《うっす》らと罅《ひび》割れたタシケーント産のものが、トラックの荷台などでよく売られていました。翠玉瓜《ズッキーニ》は、いろいろな色や形や大きさのものが地元で栽培されていて、我が家では、中央食料市場の露店でどっさり買って寓居へ運んできては、薄い輪に切って狐色のソテーにしたり、賽の目に切って鶏のスープに入れたり、Π《ペー》字形の把《と》っ手が真上に附いており四つの側面に応じて目の麤《あら》さが異なる角筒形の金属製の下ろし金《チョールカ》で摩り下ろして、露西亜風パン・ケーキ《オラーヂヤ》の具にしたりしていました。また、職場には、翠玉瓜の露西亜風ジャム《ヴァレーニエ》を煮るという録音技師の女性も、いました。そう云えば、或る年の一時帰国の際に、八ヶ岳の山麓に住む日本人の友人夫妻に頼まれて、露西亜の翠玉瓜の種を何種類か買っていったことも、ありました。南瓜《カボチャ》は、深緑色の鉞《まさかり》南瓜風のものや薄桃色のお化け南瓜風のものなど、趣きもさまざまでしたが、我が家では、なるべく小振りで堅そうなものを買ってきては、砂糖と醤油で甘鹹《あまから》く和風に煮附けていました。なお、中央食料市場の一隅では、朝鮮五葉の松の実や向日葵の種の他《ほか》に、南瓜の種を殻ごと炒ったものも売られていましたが、我が家では、台所《クーフニャ》の温水煖房のラジエーターの上に紙を敷き、果肉を食べた後《あと》の南瓜の種をその上に散らし、乾いたものから、前歯で殻をそっと縦に噬《か》み割って、中の実を齧ったりしていました。

海藻

ハバーロフスクで最も親しまれている海藻と云えば、昆布でした。昆布は、露西亜語では「海の甘藍《モルスカーヤ・カプースタ》」と呼ばれ、纖《せん》切りにした碧々《あおあお》としたものが、魚屋などで量り売りされていましたが、すでに茹でてあるせいか、風味や旨味が脱け落ちてしまっており、我が家では、休暇で日本へ帰国したときには極《き》まって買ってくる北海道産の乾物の昆布を、少しづつ戻しながら費《つか》っていました。茹でた烏賊《イカ》などと和えた昆布のサラダは、食料品店の惣菜売り場にたいてい竝んでおり、食堂《ストローヴァヤ》やレストランの品書き《メニュー》にも含まれていて、お馴染みの一品という感じでした。なお、私は食べたことがありませんが、酢と鹽《しお》と向日葵《ひまわり》油で味を調えた昆布の罐詰めなども、売られていたそうです。若布は、商店で目にすることはありませんでしたが、朝鮮系の知人の家をお呼ばれやお悔やみで訪ねたときには、ミヨクックと云うのでしょうか、若布が瀞々《とろとろ》になるまで煮込まれた熱々のスープを、ぴかぴかの洋匕《スプーン》でご馳走になりました。妻の話しでは、それらの若布は、サハリーンの親類から送ってもらっているのかも知れない、とのことでした。ソ連崩壊後には、韓国産や日本産の焼き海苔や味海苔や乾燥若布も、売られるようになり、ハバーロフスク国立教育大学で外国人留学生に露西亜語を教えていた露西亜人の若い女性は、美容と健康に好いので中央食料市場で手に入る地元の豆腐や輸入物の乾燥若布をいつも食べている、と云っていました。海苔と云えば、取材で出掛けたヴラヂヴォストークからハバーロフスクへ戻る際に乗車した夜行寝台列車『大洋《オケアーン》』号の区分客室《コムパートメント》でたまたま相部屋となった朝鮮系のレストラン経営者の小父さんが、一枚のアルミ箔に何本も累《かさ》ねて包《つつ》んである海苔巻《キムパプ》きを、鞄から取り出して窓辺の小卓の上へどんと載せて、「よかったら、どうぞ。幾らでも、好きなだけ。」と侑《すす》めてくださったことがありましたが、車窓を流れる渺とした風景を眺めるともなく眺めたり、片言の露西亜語を交わすともなく交わしたりしながら、差し向かいで縦笛でも吹くようにその沢庵入りの海苔巻きをもぐもぐといただいていると、久しぶりに東洋に身を置いている気がして、蕭条《しょうじょう》とも寂寞《せきばく》とも廓寥《かくりょう》とも呼べるような感覚が、連結される車輛さながら、次々と胸を去来していくのでした。

角砂糖

露西亜にも、砂《すな》砂糖の他《ほか》に、角砂糖がありました。職場の机の本立ての脇には、前任者が残していってくれた箱詰めの角砂糖があって、私は、毎朝、莫斯科《モスクヴァー》五輪のマスコットである仔熊のミーシャが描かれた陶器のマグ・カップへ共用の茶漉しで淹れる紅茶をたっぷり注《つ》いで角砂糖を一つ落としてから、徐《おもむ》ろに露西亜語の翻譯用原稿に目を通し始めるのでした。角砂糖と云えば、骰子《さいころ》のような立方体というイメージがありましたが、ソ連の角砂糖は、消し護謨《ゴム》風の長方体をしており、私は、露西亜人は角砂糖をぽりぽり齧りながら紅茶を啜《すす》ると聞いていたので、成る程、こんな形なら齧り易いかも知れないと想ったことでした。尤も、その角砂糖は、齧ったら歯が欠けそうなほど堅くて湯にもなかなか溶けないのでしたが、少しづつ溶けることで微妙な味の変化を愉しませてくれもするのでした。一年か二年に一度の帰国の際に利用していたハバーロフスクと新潟を往復するアエロフロート機の機内食に附いてくる食後の紅茶か珈琲に入れる砂糖は、そんな角砂糖が縦に二つ列なり、素朴で可愛いデザインの包装紙に包《くる》まれていて、どこか子供の頃に舗道や甃石《しきいし》に落書きをした蠟石《ろうせき》を想わせるものでした。やがて、茶漉しで淹れる茶葉に替わって、一服づつ分包された手軽な袋茶《ティー・バッグ》がお目見えし、西比利亜《シベリヤ》鉄道の車掌さんが客室へ運んでくれる紅茶や珈琲に添えられる砂糖も、小袋入りのさらさらしたグラニュー糖に代わると、時代という列車に乗り遅れたざらざらした角砂糖への郷愁《ノスタリギーヤ》が、心に溶け出してくるのでした。

菓子

「左利き」の私がソ連へ移り住んでほどなくこれは美味しいと感じた甘い物は、ケークスでした。これは、どこか日本の甘食を想わせる干し葡萄入りのカップ・ケーキみたいなもので、麵麭《パン》屋やスタンド・カフェで売られていました。復活大祭《パースハ》の頃には、これをもっと大きくして白雪のような粉砂糖や色取り取りの南京玉《ビーズ》状の糖衣を塗《まぶ》したクリーチという円筒形のケークスが、街角や商店で売られていました。それから、この時期には、その名が復活大祭に由来するパースハというレア・チーズ・ケーキ風の菓子も、店頭に竝んでいました。これは、卵、バター、クリーム《スリーフキ》、醱酵クリーム《スメターナ》、牛乳豆腐《トヴォローグ/トヴォーログ》、扁桃《アーモンド》、干し葡萄などを材料に作られ、本来は、金字塔《ピラミッド》形をしているそうですが、私は、平たい匣《はこ》形のものしか見たことがありませんでした。それから、日本と同様に、誕生日や祝祭日にはデコレーション・ケーキといった趣きのトルテ《トールト》を食べる習慣がありましたが、自分でトルテを作る人もいて、私の職場には、薄く焼いた円形のパイ生地にバター・クリームを塗ったものを幾重にも層《かさ》ねた「ナポレオーン」というミルフィーユが得意な人もいれば、卵色とココア色のスポンジ生地から成る「昼夜《チェーニ・ノーチ》」という二色のケーキを上手に拵える人もいました。ちなみに、ハバーロフスクでは、最初の姉妹都市の名を冠する「新潟《ニイガータ》」という杏子《アプリコット》味のトルテも、全形《ホール》や欠片《ピース》でよく売られていました。小さなケーキは、ピロージノエと総称されており、蜂蜜入りのスポンジ生地にビスケット《ペチェーニエ》の粉を塗《まぶ》した松毬《まつかさ》のような「アントーシカ」、シュー生地にチョコレートや砂糖のシロップを掛けた「エクレア《エクレール》」、角笛や巻き貝を想わせるパイ生地に真っ白なバター・クリームをたっぷり詰めた「トゥルーボチカ」など、いろいろな種類がありました。それから、どこか薄荷味の白い糖衣に薄《うっす》らと被われた松茸形の日本の焼き菓子を想わせるプリャーニクというジンジャー・ブレッドに似たスパイス入りの伝統的な糖蜜菓子は、ビスケットやキャンディーと同様に、今も年輩の人を中心に御茶請けとして人気があるようでした。キャンディーと云えば、普通はチョコレート・キャンディーを指し、その詰め合わせは、花束と共に贈り物の定番でしたが、私は、ヴァニラとチョコと檸檬の三種類の味の麻雀牌ほどの大きさのマシュマロが一つ一つチョコレートでコーティングされている「鳥の乳《プチーチエ・モロコー》」というヴラヂヴォストーク産のキャンディーの詰め合わせを、実家への土産に買っていったり、ときどき自宅で抓んだりしていました。ちなみに、鳥の乳は、亀の毛や兎の角と同様に、在り得ないものであり、この名前には、在り得ないほど美味しいという意味が籠《こ》められているそうです。余談ながら、斎藤茂吉の「乳のまぬ庭とりの子は自《おの》づから哀《あは》れなるかもよ物食《ものは》みにけり」（処女歌集『赤光《しゃっこう》』所収）という短歌を読んだとき、この菓子を想い出しました。それから、飴玉《カラメーリ》やドロップ《レヂェニェーツ》やキャラメ《イリース》

復活大祭のクリーチ売り。2008年4月25日。レーニン通りで。

ル《カ》を口の中で転がすこともありましたが、或るとき、飴玉をぎゅっと嚼《か》んだら奥歯に引っ附いて冠《かぶ》せ物がすぽんと脱けてしまい、一時帰国の折りに行き附けの歯医者へ通う羽目になりました。ちなみに、妻の話では、キャラメルには、子供より大人が好みそうな黒褐色でビターな・チョコレート味の「砕氷船《レドコール》」という洒落た名前のものもあったそうです。また、ハバーロフスクでは、どちらも胡麻や落花生や向日葵の種などで作られる落雁《らくがん》風のハルヴァーや豆板《いた》風若しくは雷粔桜《かみなりおこし》風のコジナーキといったオリエンタルな菓子も売られており、プーシキン通りには、亜塞爾拝然《アゼルバイジャン》の菓子を専門に扱う喫茶室の附いた商店もありました。なお、羊羹をカステラで挟んで三角や四角に切った日本の名菓「シベリヤ」は、露西亜では終《つい》ぞ見掛けませんでした。

火酒《ヴォートカ》

露西亜のお父さんは、晩酌に火酒《ヴォートカ》を一鑵。日本では、そんな噂が真《まこと》しやかに流れていましたが、実際には、そんなことはありませんでした。火酒と云えば、テレヴィでときどき放映されていたソ連のノーベル賞作家ミハイール・ショーロホフの同名の短篇小説を原作とするセルゲーイ・ボンダルチューク監督そして主演の映画『人間の運命《スヂバー・チェロヴェーカ》』の一場面が、真っ先に想い泛《う》かびます。硝子のコップに盈々《なみなみ》と注《つ》がれた火酒《ヴォートカ》を彳《た》ったまま一盃そして二盃と飲んで三盃目を乾してからバター附きの麵麭《パン》をちょびっと口にして部屋を後にする主人公のソ連人捕虜アンドレーイ・ソコローフと、その容子に目を瞠《みは》り息を呑んだ独逸の将兵たちが、実に対照的そして印象的でした。私がソ連へ渡った頃は、ゴルバチョーフ政権の節酒令が布《し》かれており、食料品店《ガストロノーム》に火酒が入荷したと聞くや、私も、凡てを打《う》っ遣《ちゃ》って長蛇の列に竝んだものでした。知り合いのところへ割り込むことは黙認されているので、行列《オーチェレヂ》は、いったん伸びてから縮まり始め、知り合いのいない異邦人の私は、ずるずると後退してから前進し始めるのでした。氷点下二十度ほどの戸外で一時間余り待つこともあり、そんなときには、後ろの人に一言断ってから列を離れて店の中で一寸《ちょっと》温もり、戻ってきた私と入れ替わりに後ろの人が煖を採りにいく、という具合いでしたが、そんなふうに自分の順番を確《しっか》り守っていないと行列から撥ねられてしまうことがあり、行列とは、まさに人間の鎖なのでした。それから、露西亜の人たちは、行列に竝ぶときには、最後尾らしき人の背後に無言でなんとなく彳《たたず》むのではなく、必ず「最後尾の方は、どなた《クトー・ポスレードニイ》ですか。」と訊ねていました。そんなことをしなくてもその場の空気で分かりそうではないかと想われるかも知れませんが、これをきちんとやっておかないと誰かに横入りされても文句は云えないのです。謂わば、行儀作法ならぬ行列作法。私は、慣れないうちは、それが面倒臭く照れ臭いのでしたが、慣れてしまうと、そうやって見ず知らずの人と言葉を交わせるのが愉しくなり、それをしないとなんだか物足りなく感じるようになりました。ミヒャエル・エンデの小説『モモ』には「時間どろぼう」という言葉が出てきますが、金子《きんす》さえ出せば一言も喋らずにコンヴィニエンス・ストアなどで買い物のできる今の日本に暮らしていると、「言葉どろぼう」という言葉が泛《う》かんでくることがあります。さて、そんな露西亜の行列も、常に鉄壁で盤石というわけではありませんでした。一目でアル中と判る酒焼《さかや》けの赤ら顔で獣じみた破落戸《ごろつき》たちが、防犯用の鉄格子の真ん中に穿《うが》たれた酒を売る四角い窓口へ群盗か狼の群れのように雪崩れ込んでくることがあると、行列に竝んでいる人たちは、因縁を附けられて袋殴《ふくろだた》きにされるのを惧《おそ》れて、羊の群れのように息を殺しているのでした。私も、そんな羊の一疋でしたが、こんな話を職場ですると、有江さんは、「愁《なま》じ、酒があるからいけないんで、いっそ、無くしてしまえばいいんだ。」と暗い世を慨《なげ》くようにぼそっと呟くのでした。ちなみに、配給の火酒の銘柄は、外貨ショップ『白樺《ベリョースカ》』でよく見掛ける赤いラベルの『首府《ストリーチナヤ》』や緑のラベルの『莫斯科《モスコーフスカヤ》』ではなく、ラベルに牧歌的な農村の風景が水彩画のように描かれた『小麦《プシェニーチナヤ》』やラベルに銘柄名の文字がそのまま大きく刷られた『露西亜《ルースカヤ》』だったような記憶があります。なお、中央食料品店《ツェントラーリヌイ・ガストロノーム》の酒売り場では、配給品の四倍ほどの値段で火酒がいつでも販売されており、私も、なんとなく後ろめたさを感じつつ、ときどきそこへ足を運んでいましたが、その附近には、自分の配給券で手に入れた火酒を買い値よりも高く転売しようとする年金生活者風の人たちが屯《たむろ》しており、そこで火酒を買う人は、紛いものでないか検べるようにその場で罎《びん》を勢いよく上下に振って泡立ち具合いを慥《たし》かめてから雑鬧《ざっとう》に紛れていくのでした。それにしても、妙に感心したのは、配給の行列にさんざん竝ばされた挙げ句に咫尺《しせき》の間に逼った火酒が売り切れてしまっても愚痴一つ零さずに颯っとその場を立ち去る露西亜人の惚れ惚れするような洒々落々《しゃしゃらくらく》とした恬淡さでした。それから、市販のものが手に入らなければ自分の手で酒を造る人もいましたが、義弟が配給品の砂糖を使って自家製火酒《サマゴーン》を造る仕掛けは、理科の実験装置や前衛藝術のインスタレーションを想わせるもので、透き徹った長い管を通って一滴づつ容器に溜まっていく酒の精を匙で掬って擦った燐寸《マッチ》を近附けると、青白い焔がぽっと揺らめくのでした。ちなみに、火酒の度数は、元素の周期律表を作成した化学者ドミートリイ・メンヂェレーエフが定めたという四十度が普通ですが、自家製火酒は、度数がもっとずっと高い感じで、一口盃《ストープカ》でかぱっと飲むと喉がぼっと灼けるみたいでした。それから、自家製火酒の色は、緑懸《みどりが》かった透明だったような気がしますが、そう感じるのは、ミハイール・ショーロホフ原作のソ連映画『静かなドーン《チーヒイ・ドーン》』にたびたび出てくる自家製火酒の色の記憶が畳《かさ》なっているせいかも知れません。さて、コニャックは、甘みがあって飲み易いのですが、その度数は、慥か火酒と同じでした。コニャックと云えば、映画館『ギガーント』の裏手のザパーリン通り八十三号棟の大きな病院で初めて健康診断を受けたときに、貴方《あなた》は血圧が低めなのでコニャックを飲むと好い、と女医さんに勧められたので、心置きなくその足でカリーニン通りとアムール竝木路《ブリヴァール》の角にあった外貨ショップ『白樺《ベリョースカ》』へ寄って亜爾美尼亜《アルメニヤ》産の『アララート』を一

露西亜へ帰国したアレクサーンドル・ソルジェニーツィンさん。
一九九四年六月二日の朝。
ハバーロフスク駅の歩廊〔プラットフォーム〕で。

罎購《もと》めたことでした。後年は、独りで夜行寝台列車に乗るときなどに、地元産の安いコニャックの小罎を鞄に忍ばせるようになりました。それから、強い酒と云えば、アラーリエヴァヤという浸酒《ナストーイカ》もよく飲んだものでしたが、楤木《タラノキ》や朝鮮五味子《チョウセンゴミシ》や西比利亜《シベリヤ》人参すなわちエレウテロコーックなどが成分に含まれていてどこか養命酒を想わせるこの極東特産の琥珀色の美禄《びろく》は、度数は四十度ながら、甘みと瀞《とろ》みがあって口當たりが好く、つい飲み過ぎてしまうのでした。ちなみに、ノーベル賞作家のアレクサーンドル・ソルジェニーツィンは、一九九四年に亡命先の米国からアラスカ経由で露西亜へ帰国して西比利亜《シベリヤ》鉄道でウラヂヴォストークから莫斯科《モスクヴァー》へ向かう途次《みちすがら》、ハバーロフスクの猟人作家フセーヴォロド・シソーエフのダーチャ（小屋附きの家庭菜園）でこのアラーリエヴァヤを盃に二つ美味しそうに乾したそうです。

ソ連時代、後《のち》のレストラン『さっぽろ』の東隣りすなわち向かって右側に當たるカール・マルクス通り三号棟の赤煉瓦造りの左翼部には、その名も『魚《ルイーバ》』という魚屋があり、北洋の冷凍魚が、氷衣を纏《まと》う洗濯板さながらの状態で入荷され、数尾づつ折り取るようにして量《はか》り売りされていました。魚の他《ほか》に、茹でた章魚《タコ》や鱈場蟹の脚といった海の幸が売られることもあり、そんなときには、迷うことなく行列《オーチェレヂ》の尻っぽに連なるのでしたが、露西亜語では「カムチャートカ蟹《カムチャーツキイ・クラーブ》」と呼ばれて英語では「赤い王様の蟹《レッド・キング・クラブ》」と称される鱈場蟹の脚は、長さが羽球《バドミントン》のラケットほどもあり棘も大きくて鋭いので、尖《さき》が地面に附かないように棘が外套を傷めないように気を附けながら、胸と息を弾ませて家路を辿ったものでした。鱈場蟹は、一杯丸ごと発泡スチロールの箱に詰めたものが空港で売られていたこともあり、二時間ほどで結ばれる新潟を玄関とする日本へ土産に提げていく人もいました。ハバーロフスクで目にする蟹は、たいてい鱈場蟹でしたが、北海道新聞の方に誘われてオホーツク海に臨むマガダーンを一九九四年の初夏に訪れた際に逗留した海辺のホテル『大洋《オケアーン》』のレストランには、鱈場蟹の近縁種であり露西亜語では「青い蟹《シーニイ・クラーブ》」と呼ばれて英語では「青い王様の蟹《ブルー・キング・クラブ》」と称さ

郵 便 は が き

料金受取人払郵便

神田局
承認

4803

差出有効期限
平成32年 6 月
7 日まで

101-8791

504

東京都千代田区
猿楽町2-5-9
青野ビル

㈱未知谷 行

ふりがな	年齢
ご芳名	
E-mail	男　女

ご住所　〒　　　　Tel.　-　　-

ご職業	ご購読新聞・雑誌

愛読者カード

ご購読ありがとうございます。誠にお手数とは存じますが、
アンケートにご協力下さい。貴方様の貴重なご意見ご感想を
賜わり、今後の出版活動の資料として活用させて頂きます。

●本書の書名

●お買い上げ書店名

●本書の刊行をどのようにしてお知りになりましたか？

書店で見て　　広告を見て　　書評を見て　　知人の紹介　　その他

●本書についてのご感想をお聞かせ下さい。

●ご希望の方には新刊書のご案内をさせて頂きます。　　要　　不要

通信欄（ご注文も承ります）

れる油蟹が品書き《メニュー》にあり、註文すると丸ごと茹でたものが一人に一杯づつ運ばれてきて、蟹のように肱を折り前へ屈んで黙々とそれを平らげたことでした。やがて、ハバーロフスクの市場や魚屋では、綺麗な剥き身の鱈場蟹の肥えた脚を行儀よく容器に詰めたものが売られるようになりましたが、結構値が張るので、なかなか手が出ませんでした。また、鱈場蟹の罐詰めは、そう安くはないもののあちこちで売られており、そう珍しいものではないと想いつつも日本へ土産に買っていくことがありました。ときには、蝶鮫の卵や葡萄の酒などと共に。

罐詰め

罐詰めの好いところは、何時でも何処でも手軽に食べられて長い間《あいだ》保存できることでしょうか。ソ連へ移り住んだばかりの私がとりわけお世話になったのは、煉乳や蒸し煮肉や魚の罐詰めでした。それまで、煉乳と云えば、蔕《へた》を取った苺の実に廻し掛けてもらった幼少時の記憶があるくらいでしたが、凝縮する《ズグスチーチ》という露西亜語に由来する罐詰めの煉乳《ズグショーンカ》は、外国人職員向けの配給品に必ず含まれていたので、砂糖とクリーム《スリーフキ》の代わりによく珈琲に入れていました。それから、ハバーロフスクで初めて迎える年の瀬には、日本課長の夫人が、私が持て余していた配給品の煉乳を使って美味しいトルテ《トールト》を拵えてくれたことでした。蒸し煮《トゥシー》にする《チ》という露西亜語に由来する罐詰めの蒸し煮肉《トゥショーンカ》は、日本の水蜜の罐詰めを想わせる円筒形の罐に詰められていましたが、味や見た目は、どことなくコンビーフに似ていました。グリゴーリイ・チュフラーイ監督のソ連映画『兵士のバラード（邦題 誓いの休暇）』で、如何にも意地の悪そうな食いしん坊の監視兵が、已む無く禁を犯して列車の貨車に忍び込んだ主人公の若き兵卒アリョーシャ・スクヴォルツォーフから口制《ど》め料として捲《ま》き上げて大きな匙でむしゃむしゃ食べていたのが、罐詰めの蒸し煮肉ではなかったでしょうか。罐詰めの蒸し煮肉には、牛肉と豚肉があり、配給で貰えるのは、円柱形の赤い罐の側面に淋しげな牛の顔が描かれている哈薩克斯坦《カザフスタン》産の牛罐でしたが、私は、それをそのまま食べるのではなく、先輩アナウンサーの助言に従ってフライ・パンに空けて颯っと火を通してからいただいていました。

魚の罐詰めには、いろいろな種類がありましたが、配給で貰えるのは、専ら鮭鱒類の罐詰めでした。白鮭《ケター》、銀鮭《キージュチ》、紅鮭《ネールカ》、樺太鱒《ゴルブーシャ》の四種類あったかと想いますが、私が一番気に入ったのは、他《ほか》のものと比べて汁気と脂分が多く感じられる白鮭の罐詰めでした。外国人職員向けの食料品の配給は、月に二回あり、食べきれない魚の罐詰めが、職場の私の机の膝許《ひざもと》の棚に積まれていくと、家族の多いソ連人の同僚が、それらを目にして買い取ってくれたものでした。秋刀魚《サーイラ》の罐詰めも、なかなか美味しく、有江さんは、蕃茄《トマト》ソース煮が好きとのことでしたが、私は、水煮しか食べたことがありませんでした。それから、バルト海沿岸の拉脱維亜《ラトヴィヤ》や愛沙《エスト》尼亜《ニャ》で欧羅巴黍魚子《シプロート》を原料に生産されるシプロートィという扁平の罐詰めは、燻製のオイル・サーディンであり、そのまま黒麵麭《パン》や露西亜風《ブリーン》クレープに載せても好いし火酒《ヴォートカ》の肴にもなるので、いつも買い置きをしておいて、忙《いそが》しいときなどには、プルリングに指を掛けて円い蓋をそろそろと捲《めく》ったものでした。アンチョビに似たキーリカという小魚の鹽漬《しおづ》けの罐詰めは、鹹《しおから》さが半端ではなく、茹でた馬鈴薯によく合いました。余談ながら、ソ連で暮らし始めた頃、鳩の絵の附いた罐詰めをあちこちで見掛けたので、この国では鳩の肉も食べるのかと半信半疑で想っていましたが、何年も経ってから、それが鳩ではなく鷗《かもめ》の絵でありそれが鷗の好きな鰊《にしん》の罐詰めであることに気附き、漸《ようや》く腑《ふ》に落ちたことでした。ちなみに、市場や商店の魚売り場では、映画フィルム保存用の罐を想わせる円盤形の罐にびっしりと弓形《ゆみなり》に詰められた尾頭附きの鰊の鹽漬けが量り売りされていて、なるべく脂が乗っていそうなものを指で差したり、数の子を目當てに雌を強請《ねだ》ったりするのも、なかなか乙なものでした。ときには、「みんな、そんなのばっかり欲しがるんだから。」と売り子さんに笑顔で窘《たしな》められながら。

キセーリ

追善供養《ポミーンキ》へ初めて招かれたのは、私が着任する数ヶ月前に泉下の人となられて市内の日本人墓地に懇《ねんご》ろに葬られたという秋田県出身で樺太から大陸へ渡られた先輩翻譯官のNさんの一周忌のときで、キセーリという瀞《とろ》りとしたデザートをいただいたのも、そのときが初めてでした。それは、どこか葛湯《くずゆ》を想わせましたが、苹果《りんご》や桜桃や花楸《ナナカマド》や蔓苔桃などの果汁を用いたものもあるそうで、手元の露和辞典でキセーリを引くと、ジェリー、ゼリーに似た冷たい食後の飲み物、果物などをピュレ状にした飲み物、果汁や牛乳に澱粉を加えて煮たどろどろの食物、粉を煮たジェリー様食物（多く果汁または牛乳を加える）、などと出ていました。さて、その追善供養が営まれたカリーニン通りの坂道に沿って立つ卵色のスターリンカ（スターリン時代に建てられた集合住宅）の天井の自棄《やけ》に高い居間の窓《まど》から街路樹越しに差し込む浅春《せんしゅん》の柔らかな西日を浴びた長卓の白い布の上には、前菜《ザクースカ》や主菜の皿や火酒《ヴォートカ》や葡萄酒の罎が透き間なく竝んでいましたが、追善供養では、酒盃《グラス》を搗《か》ち合わせずに献杯し、他《ほか》の料理は兎も角、キセーリとクチヤー（麦や米などに蜜や干し葡萄を加えた法事用の粥）は、必ずご馳走になる、ということでした。余談ながら、岩波文庫の『ディカーニカ近郷夜話』（ゴーゴリ作 平井肇譯）では、「葛湯」に「キッセリ」と、「蜜飯」に「クチヤ」と、ルビが振られていました。

果物

林檎の花ほころび、川面に霞たち、と始まる関鑑子《せきあきこ》さんと丘灯至夫《おかとしお》さんの名譯で日本でもお馴染みのソヴェート歌曲『カチューシャ』のミハイール・イサコーフスキイによる原詩は、「林檎と梨の花が咲いて、霧が川面を流れ始めた。」と始まりますが、春になると、プーシキン通りの寓居の傍のヂナーモ公園では、この詩のように、林檎や梨の白い花が、夢見がちな乙女の吐息のようにいつの間にか咲いて、緩やかに拗《くね》る小径を漫《そぞ》ろ歩く人の心を和《なご》ませていました。そして、ハバーロフスクの林檎や梨の実は、かなり小振りで酸っぱく、野性味に溢れているのでした。アントーン・チェーホフの『サハリーン島』の第十四章には、この作家がその島のクスン・コタンという日本の村の日本人の家族が営む商店で堅い日本の梨を買う件《くだり》がありますが、ハバーロフスクで梨と云えば、鶸《ひわ》色の白熱電球形の洋梨を指し、金茶《きんちゃ》色の毬形《まりがた》の梨は、中国産のものが黒い梨《チョールナヤ・グルーシャ》と称されて街角の青果の売店《キオースク》や大型ショッピング・センターの地階などで売られていました。隣宅の独り暮らしの年金生活者の女性は、遠くまでバスに揺られて世話をしてくるのがしんどくなったと云って、いつしかダーチャ（小屋附きの家庭菜園）通いをふっつり已《や》めてしまいましたが、嘗《かつ》てはその菜園でどっさり採れる黒酸塊《クロスグリ》や和蘭陀苺《オランダイチゴ》などを我が家にも分けてくださったものでした。熟れた洋梨を馬穴《バケツ》に一杯戴いたときには、とても食べきれないので、果実酒を造ることにしました。砂糖を加えたかどうか定かでないのですが、よく洗った梨を琺瑯《ほうろう》引きの馬穴に入れて水に浸して蓋《ふた》を冠《かぶ》せて抛《ほお》っておくと、そのうちに醗酵が始まって饐《す》えた馥《かお》りが放たれてくるのでした。けれども、待てど暮らせど葡萄酒《ワイン》には化《ば》けず、西洋酢《ヴィネガー》みたいな代物となり、顔を顰《しか》めながら嚥《の》み下したことでした。柿は、露西亜でも比較的に温煖な黒海沿岸で栽培されるそうですが、ハバーロフスクでは、中国や土耳古《トルコ》や以色列《イスラエル》から輸入されるものが売られていました。一度、青果の売店で買ってみたところ、熟れ過ぎのせいかどろんとしてただ甘いだけのものに想えたので、それっきり購《もと》めなくなりました。甘蕉《バナナ》は、ソ連時代の末期には、目にしませんでしたが、やがて、市場経済と歩調を合わせるかの如く、ファスト・フードのように食べながら街を闊歩する人を見掛けるようになりました。蜜柑《マンダリン》は、二〇一四年の冬季五輪の開催地であったソーチの東南に位置するアブハージヤ地方のものが有名ですが、極東で目にするのは、たいてい中国産であり、それは、日常の果物というよりは、正月を彩る水菓子という印象がありました。

香草

香辛料と云えば、真っ先にアッジーカが想い出されます。知り合いの樺太出身の朝鮮系の女性から手作りのアッジーカを戴いたときには、豆板醤《とうばんじゃん》や寒造里《かんづり》を彷彿させるこんな東洋風の香辛料がソ連にもあると知り、吻《ほ》っとしたことでした。アッジーカは、赤唐辛子、大蒜《ニンニク》、胡桃《くるみ》、香菜《コリアンダー》、鹽《しお》などを原料とした、肉や魚の料理の味を引き立てる香辛料で、黒海沿岸のアブハージヤ地方が発祥の地だそうですが、ハバーロフスクでも、路面電車《トラムヴァーイ》の線路沿いの青空市場などで、罐詰めの自家製のものが、ときどき売られていました。ちなみに、アブハージヤ出身の作家ファジーリ・イスカンデールの「ベルシャザルの饗宴」（浦雅春・安岡治子譯『チエゲムのサンドロおじさん』所収）には、スターリンがこの香辛料を肉に塗りたくる場面が、出てきます。また、ウスーリ竝木路《ブリヴァール》の半地下の露西亜料理店では、卸《おろ》した大蒜をサーロすなわち鹽漬けのラードと練り合わせたペーストが、いつも小皿に一つサーヴィスで附いてきましたが、これは、黒麵麭《パン》に実によく合いました。それと、私は食べたことがないのですが、西《シ》比利亜《ベリヤ》では、西洋山葵《ワサビ》（ホース・ラディッシュ）、大蒜、蕃茄《トマト》、鹽などを原料とした、フレノーヴィナという香辛料が、主菜の友として親しまれているようです。さて、香草は、ハバーロフスクの夏の馥りそして彩りそのものであり、中央食料市場の露店では、伊太利亜パセリにそっくりの露西亜語でペトルーシカと呼ばれるパセリ、日本では中国パセリとも称される香菜、そして、バジリコといったハーブが、一寸《ちょっと》傾いだパラソルの蔭に涼しげに竝んでいましたが、とくに印象に残っているのは、露西亜語でウクロープと呼ばれて英語でディル（dill）と称されて日本語で蒔蘿《イノンド》と名附けられている香草でした。私は、日本では食べたことがなかったので、ソ連で迎える最初の夏に知り合いの波蘭土《ポーランド》系の女性の家でご馳走になった昼食の生野菜サラダに醱酵クリーム《スメターナ》と共に添えられていたこの香草を口にしたときには、些か戸惑いましたが、徐々にその独特の味と馥りに魅せられて、いつしか、露西亜の夏と云えばウクロープを連想するようになりました。この芹科の一年草の葉は、線香花火の紙縒《こよ》りのように柔らかく房々しており、食堂《ストローヴァヤ》やレストランでは、これを細かく刻んだものが、緑の粉雪さながら、茹でた馬鈴薯やサラダの丘を彩り、冷たいオクローシカや熱いボールシチの湖に泛《う》かんでいるのでしたが、我が家では、ただ水で洗ったものを、草食獣さながら、房ごとむしゃむしゃ食んだりしていました。ちなみに、オクローシカは、生の胡瓜《きゅうり》や廿日大根《ハツカダイコン》（ラディッシュ）や茹でた馬鈴薯や人参や肉やソーセージを賽の目に切ったものを露西亜の清涼飲料クヴァースに入れて醱酵クリームと微塵切りのウクロープやペトルーシカやエストラゴンなどの香草を添えた冷製のスープですが、ひんやりそしてあっさりしているため、食欲の落ちる夏場には打って附けで、レストランや食堂車《ヴァゴーン・レストラーン》の品書きにも、たいてい載っていたように想います。なお、オクローシカという名は、細かく刻む《クローシチ》という露西亜語に由来しているそうです。

米は、ソ連ではなかなか手に入らないかも知れないと想い、友人が餞別にくれた飯盒へ生《なま》米《ごめ》を三合ほど詰めていったのですが、それほど苦労せずに買うことができるのでした。尤《もっと》も、日本米は、渡露した當時は目にすることがなく、後年になって売られるようになったものの、庶民には高嶺の花でした。越南《ヴェトナム》米は、ひょろ長いインディカ種で、中国米や台湾の人道支援米や沿海地方やクラスノダール地方の国産米は、丸っこいジャポニカ種でしたが、インディカ米しか売られていないときには、露西亜人の録音技師の女性が、家《うち》では炊《た》いて食べないしピラフ《プローフ》には寧ろぱさぱさした米のほうが好いからと云って、買い置きのジャポニカ米をこちらのインディカ米と交換してくれることもありました。なお、米には、小さな石や芥《ごみ》が混じっていることがあるので、炊くときには、食卓の上で一掬《すく》いの米の山を掌で薄く圧し延ばして異物を見附けて撥ねたものでした。我が家で電気炊飯器を使うようになったのは、最初に一時帰国をした一九九一年の春に日本で購入してからのことで、それまでは、瀬戸引きの鋳鉄製で重たい両手鍋を瓦斯焜爐《ガスこんろ》に掛けて炊いており、余った御飯は、卵入りのおじやか炒飯《チャーハン》にしていました。そう云えば、独り身で迎えた初めての年の瀬に同じ階の二つ隣りの住戸《クヴァルチーラ》の主人がそっと差し入れてくれた露西亜風《ピローグ》パイには、なんと御飯も入っており、そのときは、きっと奥さんが東洋人の私に気を遣ってくれたのだと想いましたが、後《のち》に、露西亜風パイの具には米もよく使われることを知りました。さて、米と小麦と共に世界の三大穀物と呼ばれる玉蜀黍《とうもろこし》は、夏になると地元産のものが皮附きのまま市場に竝び、茹でたものを保温函に入れて売っている露店もありました。我が家でも、旬のうちに一度は皮附きのものを一抱え買ってきて、大鍋で鹽茹《しおゆ》でにしてむしゃむしゃ齧《かじ》っていました。その味は、水菓子のように甘い最近の日本の玉蜀黍と比べれば、慥《たし》かに或る日本人も云われたように飼料用玉蜀黍みたいなものかも知れませんが、私にとっては、夏休みに茨城の田舎の親戚の家の畑で捥いだばかりの色も形も不揃いな蟲食いで歯っ欠けの玉蜀黍をどっさり茹でてみんなでわいわい食べた少年時代を想い出させてくれる懐かしい味でした。それから、蕎麦は、ソ連へ行ったら暫く味わえないと想っていましたが、意外にも向こうでも日常的に食べられているのでした。但し、日本のように麺ではなく蕎麦《グレーチ》の実の粥《ニェヴァヤカーシャ》という形でしたけれども。粥と云っても、さらさらではなくぱさぱさしており、普通は、バターを落としたりミルクを掛けたりして食べるようでしたが、私は、和風に刻み葱と麺汁《めんつゆ》でいただいたりもしていました。乾酪の週《マースレニツァ》と呼ばれる冬送りの謝肉祭や五月九日の対独戦勝記念日《ヂェーニ・ポベーディ》などには、催しの会場の一隅へ搬び込まれた野戦用の大釜で炊《かし》いだ兵士の粥《ソルダーツカヤ・カーシャ》が、黒麺麭や紅茶と共に無料で振る舞われるの

兵士の蕎麦粥。2009年2月28日。乾酪の週〔マースレニツァ〕の祭りの会場で。

でしたが、それは、たいてい蕎麦の実で作られたものでした。蕎麦は、アムール河流域が原産との説もあるそうですが、蕎麦の実の粥は、食堂やビストロの品書き《メニュー》にたいてい載っていました。なお、粥《カーシャ》には、その他《ほか》に黍《きび》や燕麦《えんばく》のものや沸かしたミルクに碾き割り小麦を溶いて鹽と砂糖とバターで味を調えるセモリナの粥《マーンナヤ・カーシャ》などもありましたが、我が家では、オートミー《オフシャーナ》ルの粥《ヤ・カーシャ》にバターを落として醤油を滴《た》らしたものを、よく朝食にいただいていました。

魚

北海道が、鰈《かれい》なら、樺太は、鮭《しゃけ》か鱒《ます》。ちなみに、帰国後に読んだチェーホフの『サガレン紀行抄』(太宰俊夫譯、樺太叢書、一九三九年)では、「樺太全島を蝶鮫に譬へて見ると、南部は魚の尾によく似てゐる。」(「西能登呂岬」より)との一文に出遇いました。さて、入局したての独り身の頃、さまざまな出身民族の日本課の女性たちが、私のような者によく昼食を差し入れてくださいました。熱々の鶏のスープを広口《ひろくち》の硝子瓶と発泡スチロール《ペノプラースト》を組み合わせたソ連製の円筒形の密閉保温容器に入れて持ってきてくださったTさん、赤いプラスチック製の四角い弁當箱で紅生薑《べにしょうが》入りのイクラ丼風の海苔弁當を作ってきてくださったKさん、カレーとライスを夫々《それぞれ》鍋ごと持参されて職場の電熱器でルーを温め直して「好きなだけ、召し上がれ。」と云ってくださったMさん、薄鹽の焼き鮭がたっぷり入っていて香しい海苔で透き間なく巻かれた特大のお握りを新聞紙に包《くる》んで届けてくださったT夫人。そうした温かな想い遣りは、忘れえぬ露西亜の想い出となりました。もう一人のKさんは、或るとき、手作りの鰈の唐揚げをそっと私の机の隅に置いて、「鰈《カームバラ》は、海の鶏《モルスカーヤ・クーリツァ》とも云うんですよ。」と教えてくれました。英語にすれば、シー・チキン。鰈は、種類が豊富で手に入り易い魚であり、我が家でも、よく煮附けやムニエルにしていただいていました。鰈の仲間である大鮃《オヒョウ》は、日本にいた頃には、見たことも聞いたことも食べたこともありませんでしたが、ハバーロフスクでは、結構値は張るものの割りとよく見掛ける魚であり、冷凍の切り身は、砂糖と醤油で薄味に煮て、燻製の切り身は、そのまま薄く切ったものを肴や御菜《おかず》にして、この白身の珍味に舌鼓を打っていました。さて、露西亜語で赤い魚《クラースナヤ・ルィーバ》と云えば、蝶鮫類の上等な魚を指すそうで、露和辞典にも、そうした記述が見られますが、極東の衢《ちまた》では、どうも鮭鱒類を指しているようでした。我が家では、白鮭《ケター》、銀鮭《キージュチ》、紅鮭《ネールカ》、桜鱒《シーマ》、樺太鱒《ゴルブーシャ》、鱒之介《チャヴィーチャ》などの鮭鱒類を、一尾丸ごと買ってきては、下ろした身はムニエルにして、粗《あら》はスープにして、美味しくいただいていました。二〇〇二年の夏に共同通信の取材班に同行してアムール河下流で白鮭漁に従事する季節労働者たちの岸辺の天幕《テント》を訪ねたときには、嘗《かつ》ては教師をしていて今は年金生活を送っているという賄い方《かた》の先住少数民族ナーナイ人の女性が拵《こしら》えてくれた魚のスープ《ウハー》を火酒《ヴォートカ》と共にご馳走になりましたが、その地で知り合った極東国立医科大学出身の先住少数民族ウーリチ人の乙女が大鍋の湯気越しに自分の器へ掬い取った鮭の氷頭《ひず》をちゅっちゅっと吸いながらこりこりと如何にも幸せそうに食べる容子《ようす》を目にして、成る程、鮭のウハーはその鼻尖《はなさき》の軟骨の部分が一番美味しいのかも知れないと感じたことでした。ところで、露西亜の民話には、沓篦《くつべら》みたいな吻《ふん》を持つ川魣《カワカマス》という魚が屢々登場しますが、ハバーロフスクでは、アムール河で捕れるこの黒っぽい斑点を持つ淡水魚の白身をミンチにしてメンチ・カツ《コトレータ》を作る家庭が多いようでした。肉食魚のせいか、その味は、こってりと確《しっか》りとした感じで、チキン・ハムバーグを想わせるところがありました。また、レストランでの立食式の宴会《バンケート》などでは、「川魣のファルス」という尾頭附きの詰め物料理が卓子《テーブル》の真ん中にでんと置かれていることがありましたが、日本へ帰国してからは、鴨嘴獣《カモノハシ》の吻《ふん》のように先頭と後尾が拉《ひしゃ》げた新幹線の車輛を目にするたびにこの川魣《カワカマス》の冷菜を想い出すようになりました。アムール河には、川魣の他《ほか》、鮒《フナ》、鯉《コイ》、鯰《ナマズ》、八目鰻《ヤツメウナギ》、義義《ギギ》、鱤魚《ガンユイ》、紅鰭鮊《オカヒラ》、蛇頭魚《カムルチー》、西比利亜石斑魚《ウグイ》、蒙古紅鮊《カワヒラ》、満洲貪子《ドンコ》、鱖魚《ケツギョ》若《も》しくは満洲川眼張《カワメバル》、中国の四大家魚《よんだいかぎょ》と呼ばれる、草魚《ソウギョ》、青魚《アオウオ》、白鰱《ハクレン》、黒鰱《コクレン》、さらには、ダウリア蝶鮫《カルーガ》、アムール蝶鮫《アムールスキイ・オショートル》、サハリーン蝶鮫《サハリーンスキイ・オショートル》など、総じて百八種とも百三十九種とも云われる魚が棲息しているそうで、ハバーロフスクでは、中華料理店の品書き《メニュー》には鱖魚料理があり、露西亜料理店の品書きには蝶鮫料理がありました。八目鰻は、丸ごと燻製にしたものが市場などでよく売られており、或るとき試しに買ってきてそのまま輪切りにしていただくと、如何にも精の附きそうな脂ぎって濃《こま》やかな味わいであり、惣菜というよりも酒菜《さかな》といった趣きでした。アムール河流域の先住少数民族ナーナイ人の伝統的な料理には、鱠《なます》という漢字を當てたくなるタラーというものがありました。これは、鱗を刮《こそ》いで皮を剥いだ生魚の肉を細かく刻み、薄切りの玉葱を添え、酢と植物油で和え、鹽《しお》と胡椒《こしょう》で味を調えたもので、私は、捕れたての鯉で造ったものをご馳走になったことがありますが、それは、なんとなく魚の叩きや洗いやマリナードやカルパッチョを連想させるものでした。また、アイヌ民族の料理には、チタタプという魚の叩きがあるそうですが、露西亜極東には、アイヌ民族のルイベを想わせるストロガニーナという料理がありました。凍った魚などの身を鉋屑のように薄く削ったこの料理は、鹽と胡椒でいただくのが普通ですが、或るとき自宅兼工房《アトリエ》で蝶鮫のストロガニーナをご馳走してくれたナーナイ人の伝統工藝作家は、少数民族同士の交流のために北海道を訪れたことがあるせいか、醤油と山葵で召し上がり、日本からの客人にも勧めてくれるのでした。それから、露西亜と云えば、やはり鰊でしょうか。鹽漬けの鰊、茹でた馬鈴薯、酢漬けの胡瓜、一片《いっぺん》の黒麵麭、一盃の火の酒、その盃は、きっと多角形の硝《グラニョーヌイ・》子のコップ《スタカーン》。私が想い描いていた粋《いき》で素朴な露西亜の食卓の風景とは、こんな感じでした。鹽漬けの鰊は、円くて平たい大きな罐に詰められたものが市場や商店で量り売りされていて、一尾でも売ってもらえました。美味そうなのを指差しながら、透き間なく横たわる鰊たちを瞶《みつ》めていると、鮨詰めを意味する「樽の中の鰊のよう《カーク・セーリヂ・ヴ・ボーチケ》」という慣用句が、独りでに泛《う》かんでくるのでした。鹽漬けの鰊にも、雌雄があるので、「魚卵入りのね。《ス・イクローイ》」と云えば、売り子さんは、白子ではなく数の子を抱えたほうを択《えら》んでくれました。鹽漬け鰊の身は、たいてい脂がよく乗っていて、我が家では、薄切りの玉葱を散らして酒の肴にしたり、山葵《わさび》と醤油を附けて御飯の御菜《おかず》にしたりしていました。それから、露西亜の伝統的な正月料理に「毛皮外套を《セリョートカ・ポド・》着た鰊《シューボイ》」なるものがありました。これは、細切れの鹽漬け鰊の上へ刻んだ玉葱といづれも茹でた卵、人参、火焔菜《ビート》、馬鈴薯を層《かさ》ねてマヨネーズで味を調えた薄桃色のサラダで、物不足のソ連時代に家庭の主婦たちが智嚢《ちのう》を絞って編み出した逸品と云われています。また、露西亜語でナヴァーガと呼ばれる氷下魚《コマイ》若《も》しくは寒海《カンカイ》も、想い出深い魚でした。露西亜語由来の日本語の俳句の季語ともなっている「光の春《ヴェスナー・スヴェータ》」が訪れる頃、中央食料市場の露天で象牙色やクリーム色の棒状に凍ったものが売られていて、如何にも寒そうな和名のイメージと畳《かさ》なりました。この魚は、淡い色合いと同じように味に癖がなく、雌には卵がびっしり詰まっており、身は骨から綺麗に剥がれ、醤油で煮ても味噌で煮ても、次から次へと何尾でも美味しく食べられる魚でした。それと、普通の柳葉魚《シシャモ》とは別に樺太柳葉魚《カラフトシシャモ》という魚がいることを知ったのも、露西亜へ渡ってからでした。ハバーロフスクの魚屋には柳葉魚によく似た魚が売られていて、ときどき購《もと》めてはムニエル風にしたりして、いただいていたのですが、なんとなく味が柳葉魚とは違うような気がするので、露西亜語でモーイヴァというその魚名を露和辞典で引くと、カラフトシシャモとあるのでした。一九九〇年代に読んだ露西亜東部の游牧や漁撈を生業とする先住少数民族エヴェーン人の民話に、オホーツク海の汀《みぎわ》へ群れを成して産卵に押し寄せる樺太柳葉魚の描写がありましたが、妻の話では、生まれ故郷のサハリーン（旧 樺太）の岸辺へもその群れがよく来たらしく、義母は、自分で捕まえた樺太柳葉魚を馬穴《バケツ》で家まで運んでくると、頭だけ取り除いて鹽辛を沢山造り、御飯の御菜として家族に食べさせていたのですが、その鹽辛は、火酒《ヴォートカ》の肴に持って来いなので、近所の露西亜人の飲兵衛たちが、ちょくちょく義母の許へやってきては「トーマ（タマーラの愛称）、鹽辛をお呉れ《ダイ・ショカ》よ《ラー》！」と駄々っ子のように強請《ねだ》ったそうです。それから、日本では千魚《チカ》と呼ばれるのでしょうか、露西亜語ではコーリュシカと呼ばれる胡瓜魚《キュウリウオ》も、懐かしいです。柳葉魚や樺太柳葉魚より一廻り大きいこの魚の丸干しは、麦酒《ビール》党には堪らない佳肴《かこう》であり、私も、暑い夏の午后には、食卓に新聞紙を展《ひろ》げて半透明の銀の薄皮を毟り、汐の香りのする緊《し》まったその身を頭から齧り、生乾きの腑《ふ》や卵の顆《つぶ》で微かに舌を痺れさせながら、硝子か銅のコップへたっぷり注《つ》いだ麦酒で喉を潤したものでした。

サラダ

サラダ《サラート》は、レストランの品書き《メニュー》にたいてい何品《なんしな》かあり、露西亜でもかなり親しまれている印象を覚えましたが、ハバーロフスクの食堂《ストローヴァヤ》には、蕨《ワラビ》や昆布を使った東洋風のものもあり、そんなサラダを目にすると、ここが亜細亜であり極東であることを感じるのでした。プーシキンとトルストーイという詩人と文豪の名の附いた通りに挟まれる中央食料市場には、朝鮮系の女性たちが矩形の容器に種類ごとに盛られた胡瓜や大根や人参や白菜や萌やしや茸や烏《イ》賊《カ》といったさまざまな具材のキムチを量り売りする一隅がありましたが、露西亜人はキムチをスパイシーなサラダという感覚で食べているのか、細長い透明なビニール袋へ詰められた繊《せん》切りの人参のキムチをアイス・キャンディーみたいに片手で把《つか》んで吸うように齧っている人をときおり見掛け、そんなときには、子供の頃に学校の傍の駄菓子屋で売られていた竹籤《たけひご》で穿《ほじ》りながら食べる朱く着色された甘酸っぱい試験管ゼリーが、瞼裏《まなうら》を擦めるのでした。我が家では、夏場は、専ら手の掛からない生野菜のサラダをもりもり食べ、冬場は、生の玉葱と茹でた人参や馬鈴薯や火焔菜《ビート》を賽の目に切って青豌豆《グリーン・ピース》を添えて向日葵《ひまわり》油で和えるヴィネグレートというサラダを妻がよく作ってくれましたが、日本では殆《ほとん》ど馴染みのなかった火焔菜の深い味わいと紅玉《ルビー》に紫水晶《アメシスト》を褶《かさ》ねたような濃い色合いは、忘れえぬ露西亜の想い出の一つになりました。森茉莉さんのエッセイ集『私の美の世界』所収の「卵料理」という文章の中で麦酒《ビール》とよく合う露西亜サラダのレシピに出遇ったときには、露西亜の正月の定番料理オリヴィエ・サラダが連想されました。茹で卵、腸詰め、馬鈴薯、青豌豆、橄欖《オリーヴ》の実、胡瓜のピクルスなどをマヨネーズで和えたこの素朴なサラダの名は、考案者であるリュシエーン・オリヴィエという仏蘭西人シェフの姓に由来しているそうですが、ハバーロフスク地方の新聞『太平洋の星《チホオケアーンスカヤ・ズヴェズダー》』（二〇〇七年十二月二十九日附け）には、こんな記事が載っていました。

「これぞ露西亜の正月とは。蜜柑、三鞭酒《シャムパン》、魚のグラタン、そして、オリヴィエ・サラダ。オリヴィエのない祝日は、祝日でない。仏蘭西人の名の附いたこの一品は、亦《また》の名を、冬の《ジームニイ》、肉の《ミャスノーイ》、首府の《ストリーチヌイ》、露西亜の《ルースキィ》、伝統的な《トラヂツィオーンヌイ》、サラダとも。史家に依れば、この冷菜が生まれて、今年で百四十七年。名コックのリュシエーン・オリヴィエが、莫斯科《モスクヴァー》の居酒屋『エルミタージュ』で酔客たちが「野鳥のマヨネーズ」という看板料理とコルニッション入りの馬鈴薯サラダと附け合わせ《ガルニール》の固茹で卵を一緒くたにするのを見兼ね、それならと初めから具材を雑ぜてしまうことにした、というのが、抑々《そもそも》の始まりとか。やがて、家庭でもお馴染みの料理となるが、當節では、蝦夷雷鳥、圧縮魚卵《プレス・キャヴィア》、仔牛の舌《タン》、茹でた蹔蟹《ざりがに》、棘風蝶木《ケッパー》のピクルスなどを用いる人は、極く稀。ともあれ、このブルジョア的な料理が如何にしてソヴェートの大衆的なサラダへ変身したのか。解き難《がた》い謎とは云え、一九三〇年代に、嘗《かつ》てオリヴィエの助手だった料理人イヴァーン・イヴァノーフが、プロレタリアートの実情に合わせて、つまり、蝦夷雷鳥と仔牛の舌の代わりに集団農場《コルホーズ》産の鶏肉を使って、この有名なサラダを復活させたことは、知られている。そして、前菜《ザクースカ》の謂わば民主化プロセスは独自の道を辿り、農業が目覚ましく発展すると、ソ連人の夢であったボイルド・ソーセージが鶏肉に取って代わる。そして、露西亜風に鹽漬《しおづ》け胡瓜《きゅうり》が添えられ、やがて、馬鈴薯も仲間入りをした。」（ダーリヤ・ウラーノヴァ記者）ちなみに、私は、ソ連ではマヨネーズは市販されていないと想っていたのですが、広口《ひろくち》罎入りの美味しいものが普通に売られていたので、たいへん助かりました。なお、正月と云えば、露西亜では、日本の煮凝《にこご》りや仏蘭西のアスピックを想わせるホロヂェーツという豚足などを煮込んだゼリー状の料理を作る家庭が多く、隣宅の独り暮らしの年金生活者の女性は、大晦日になると、自家製の黒酸塊《クロスグリ》の露西亜風ジャム《ヴァレーニエ》を包《くる》んだ春巻形のパフ・ペイ《スロ》ストリー《ーイカ》と共に、この一品を我が家にも分けてくださるのでした。煉り芥子や西洋山葵《ワサビ》（ホースラディッシュ）をたっぷり附けて喉の奥へつるんと抛り込むようにしていただく、月《ラヴロー》桂樹《ヴィ・リースト》と黒胡椒《チョールヌイ・ペーレツ》のよく利いたホロヂェーツは、冱寒《ごかん》の冬の火酒《ヴォートカ》のこよなき佳肴《かこう》でした。

山菜

山菜と云えば、子供の頃には、茨城の母方の親戚から毎年段ボール箱で送られてくる乾した薇《ゼンマイ》を母が水で戻して炒め煮にしたものに舌鼓を打ったものですが、ハバーロフスクでは、蕨《ワラビ》をよく食べていました。夏が近附くと、嫩《わか》い芽の尖《さき》っぽがト音記号を想わせるこの羊歯植物が、青空市場の売り台をヴィリヂアン一色に染め、我が家では、絲で束ねられたのを何把《なんわ》も買ってきては、大鍋で茹でて水に晒して灰汁《あく》を抜き、おかか醤油でいただいたものでした。恰《まる》で青い季節を頬張るように。日本、樺太、朝鮮、中国、喜馬拉雅《ヒマラヤ》が原産とも云われる薇は、ハバーロフスクの市場では見掛けませんでしたが、沿海地方の北部を東から西へ流れるビキーン川の流域などでは採集されるらしく、日本で加工して販売するためにそこの薇を山形県の山村へ出荷する構想を耳にしたこともありました。さて、蕨が出廻るずっと前、四月の下旬に流氷が北へ去ってアムール河が明け、五月一日の労働祭《メーデー》から五月九日の対独戦勝記念日《ヂェーニ・ポベーディ》に掛けての連休が近附くと、待ちに待ったチェレムシャー（アイヌ葱、行者大蒜《ギョウジャニンニク》）が、ハバーロフスクの街角にお目見えします。朝早くに摘んだその森の恵みをウヰスキー携帯用スキットルの形状をした胴乱《どうらん》のお化けみたいな背負子《しょいこ》風の金属製の函で町まで運んできた男たちが不器用に売り捌くその姿は、私にとって春を告げる風物詩の一つでした。ダーチャ（小屋附きの家庭菜園）で採れる種々《くさぐさ》の無農薬の野菜が出廻るのはまだまだ先のこの時季、森に自生するチェレムシャーは、何よりのヴィタミン源であり、我が家では、颯っと茹でて胡麻味噌で和えていただいたり、颯っと洗ってチーズを添えてむしゃむしゃ齧ったりしていました。ところで、チェレムシャーは、露和辞典で引くとラムソン（広葉のニンニク）とあるので、私は、チェレムシャーとラムソンを混同していたのですが、或るとき、露西亜の百科事典を披《ひら》くと、「勝利の葱《ルーク・ポベードヌイ》」若《も》しくは「常勝の葱《ルーク・ポベドノースヌイ》」と呼ばれるべきアイヌ葱が謬《あやま》ってチェレムシャーと称されることがよくあるとの記述があり、腑《ふ》に落ちたことでした。つまり、同じネギ属でもラムソンとは種の異なるアイヌ葱をチェレムシャーと呼ぶのは、本来は正しくないわけですが、露西亜極東には、このように元の意味を離れて家出少年のように衢《ちまた》を独り歩きする言葉が、チェレムシャーの他《ほか》にもいろいろあったような気がします。ちなみに、ラムソンは、露西亜語でチェレムシャーの他に「熊の葱《ルーク・メドヂェージイ》」とも呼ばれるそうです。なお、薇と同様に日本で加工して販売するために鹽藏《えんぞう》のアイヌ葱を露西亜極東からコンテナで輸入したいという北海道のアイヌ人の方もいました。さて、日本へ帰国して一年ほど経った或る日、近所のスーパー・マーケットで信州産という行者大蒜を目にしたので懐かしくて購《もと》めたのですが、自生ではないせいか、鮮度が今一つなせいか、葉が育ち過ぎているせいか、日本海の向こうで味わえた瑞々しさや痺れるような食感がなく、拍子抜けしてしまいました。これは、野獣と家畜の違いなのかも知れない、などと想いながら。なお、Yu・ラープチェフ著『植物AからЯまで』には、「露西亜の欧羅巴部では、一八四九年と一八五八年に蔓延した壊血病により何万人もの命が奪われたが、生の魚肉や獣肉および野草とりわけチェレムシャーの根や葉を含む食物を摂取していた西比《シベ》利亜《リヤ》の先住民は、何ともなかった。」と記されており、チェレムシャーの効能のほどが窺えます。また、アントーン・チェーホ

蕨売り。二〇一〇年五月三十日。中央食料市場で。

フの『サハリーン島』の最終の第二十三章には、「島における流刑植民地の創設に賛成していた一部の年輩の記者たちは、壊血病を完全に否定していながら、壊血病のこの上ない薬としてのチェレムシャーを絶讃し、住民は冬に備えてこの薬を何百プードも蓄えていると書いていた。」との記述があり、やはりチェーホフの『三人姉妹』の第二幕には、「チェレムシャーは、断じて肉ではなく、こちらの葱みたいな植物です。」とのソリョーヌイという二等大尉の科白《せりふ》が出てきます。なお、アムール河流域の先住少数民族ウーリチ人の最初の詩人で画家のアレクサーンドル・ヂャターラ（一九三二～七七）の『刻み目《ザルーブキ》』という唯一の詩集にその名も『チェレムシャー』という作品が収められているので、ウーリチ語の原詩の露譯からの拙譯を添えさせていただきます。ちなみに、ヂャターラには、黒澤明監督の日ソ合作映画の主人公としても知られる露西亜極東の森の猟人デルスー・ウザラー（先行譯 デルス・ウザーラ）の顔をボール・ペンで素描《デッサン》した作品もありますが、そのデルスーは、細長い柄《え》の烟斗《パイプ》を燻らせ、白い布をバンダナ風に頭に巻き、耳に大きなピアスを着けており、何もピアスは當世に限ったものではないと気附いたことでした。

チェレムシャーが欲しい！
なんと歯茎の疼くことか！
再び、眼には、白樺の霧。

チェレムシャー売り。二〇一〇年五月十日。中央食料市場で。

それは、凡てを覆い隠した、
春の凡ての愛しきものを、
そして、私は、また、森《タイガー》の虜囚。

緑の点々とする谷地坊主が
私をそちらへ運ぶ、
ここ数日で
チェレムシャーの愉しげな花が
明るい灯し火のように
ぽっと綻びたところへ。

チェレムシャーが欲しい！
なんと貪り飲みたいことか
我が郷里の森の悠長な汁を！
そして、私は、爽涼な青さのもとで医やされる
悪しき霊から——
痛みや血を壊す病から。

シャシルィーク

露西亜には、高加索《カフカース》地方発祥のシャシルィークというバーベキューに似たグリル料理がありました。これは、酢、鹽《しお》、胡椒、玉葱、香菜《コリアンダー》、葡萄酒、赤唐辛子、醗酵牛乳《ケフィール》、ヨーグルト、マヨネーズ、柘榴や檸檬の果汁などをベースにしたマリネードに一晩ほど漬けておいた羊、牛、豚、鶏などの肉を、金串《シャムプール》に刺して直火《ぢかび》で焼いたもので、市場には、いつもその香りと烟りが漂い、祭日には、極《き》まってその屋台が出ますが、ハバーロフスクでは、焼き上がって串から外された豚の肉がケチャップや野菜の附け合わせ《ガルニール》を添えて皿へ盛られたりしていました。シャシルィークは、一九八〇年度のアカデミー外国語映画賞を受賞した『モスクワは涙を信じない』にもその場面が挿《はさ》まれていますが、ピクニックの定番料理となっており、最近では、すでに漬け込んであり串に刺して焼くだけの肉を把《と》っ手附きの玩具の馬穴《バケツ》みたいな半透明のプラスチック容器へ入れたものが、スーパー・マーケット《スペルマールケット》などで売られるようになりました。なお、この料理には、蝶鮫や七面鳥の肉が使われることもあるそうです。ちなみに、数年前、北高加索地方の露西亜連邦構成共和国カラチャーエヴォ・チェルケーシヤの主都チェルケースクの中央広場では、五十糎《センチ》の串を列ねた百二十米《メートル》の串で四百瓩《キロ》の羊肉を使った世界一大きなシャシルィークが焼かれたそうです。さて、或る春先のことでしたが、露西亜の謝肉祭に當たる乾酪の週《マースレニツァ》の祭りの会場の一つになっていたハバーロフスク市内のレーニン通り沿いのブリューヘル広場のシャシルィークの屋台で肉を炙っていた高加索か中央亜細亜の出身と覚しき白衣姿の青年をカメラで撮影した途端に相手より示された凄まじい剣幕が、今も瞼裏《まなうら》に烙《や》き附いています。それは、赤の他人によって勝手に被写体にされたことへの満腔の怒りであり、私は、まさにそうした過ちを犯していたのでした。誰かの写真を撮りたいときには、予めその人の許しを請う、この場合なら、その人の焼いたシャシルィークを一皿注文してからシャッターに触れる、というのが、礼節であり、これは、そうした筋道を端折ってはいけないことを想い知らされた出来事でした。そんなことがあってから、私は、面倒でも一言断ってからカメラを相手に向けるようになり、その御蔭で、盗撮ではないまでも無断で撮影しているという後ろめたさを感じることもなくなりました。

シャシルィークの屋台、レーニン・スタヂアム。
二〇〇八年五月三十一日。

清涼飲料

露西亜の清涼飲料と云えば、真っ先にクヴァースが想い泛《う》かびます。これは、ライ麦などを原料とする微かに酒精《アルコホール》を含んだ透明な黒麵麭《パン》色の仄甘く冷たい飲み物で、夏の暑い盛りには、向日葵色のペンキの地に緋色で「ＫＢＡＣ」と大書《たいしょ》されたドラム缶のお化けを臥《ね》かしたような専用タンクのお尻の蛇口を拈《ひね》って売り子さんが硝子のジョッキへ盈々《なみなみ》と注《つ》いでくれる仄かに泡立つクヴァースを佇《た》ったまま一息に飲み干して漸《ようや》く人心地《ひとごこち》が附いたような表情を泛かべている人を、街角でよく見掛けましたが、慥《たし》かに、クヴァースは、コーラやジュースよりも確《しっか》りと根っこから喉の渇きを癒やしてくれるように感じました。それに、他《ほか》のソフト・ドリンクと比べて格段に安いので、庶民にとっては心強い味方でした。また、クヴァースと云えば、これをベースにしたオクローシカという露西亜や烏克蘭《ウクライナ》の冷製スープも、火照った躰を涼しく爽やかにする避暑地の湖のような一皿でした。ところで、全く同じように想える言葉でも、日本語と露西亜語でニュアンスが微妙に異なるのを感じることがあります。例えば、レモネードと露西亜語のリモナード。国語辞典には、「レモンの果汁に砂糖、水などを加えた飲み物。レモン水。」とあり、露和辞典には、「レモネード、レモンスカッシュ、レモン水、（レモン・リンゴなどのジュースを加えた）清涼飲料。（旧）レモンソーダ水、ラムネ。」とありますが、露西亜では必ずしも檸檬味ではない清涼飲料もリモナードと呼ばれていたようなので、予《かね》てから不思議に想っていましたが、先日、インター・ネットで露西亜語のリモナードを検《しら》べてみると、「甘い無酒精飲料《ノン・アルコホール》。炭酸入りのことが多い。清涼感を齎《もたら》す。檸檬の果実から作られるが、どんな清涼飲料もリモナードと呼ばれる。」とあり、腑《ふ》に落ちたことでした。リモナードには、露西亜版ピノッキオのブラチーノがレッテルに描かれた『ブラチーノ』など、いろいろな銘柄がありましたが、ハバーロフスクでは、森《タイガー》の形容詞形である『森の《タヨージヌイ》』という如何にも極東らしい名前の附いた細い罎に入ったサイダーのようなリモナードも売られていました。さて、露西亜極東のシホテー・アリーニ山地の西麓を流れるハバーロフスク地方のムヘーン川の上流域には天然の炭酸水の産地があり、私がハバーロフスクで暮らし始めた頃には、成分によって食卓用と治療用に分けて半立入りの罎に詰められた『ムヘーンスカヤ』という炭酸入りの鉱水が市販されていました。また、當時は、ハバーロフスク市の中心部のあちこちにソーダ水の自動販売機《アフトマート》がありました。値段は、慥《たし》か、シロップなしが一哥《コペーイカ》、シロップ入りが三哥でした。この自販機には、厚手の多角形の硝子のコップ《グラニョーヌイ・スタカーン》が常備され、コップを伏せて圧し附けると下から水が噴き出てコップの内側を洗浄できる装置が附いており、みんなが同じコップを使うのでしたが、それで腹を壊したという話を耳にしたことはありませんでした。余談ながら、多角形の硝子のコップは、聖彼得堡《サンクト・ペチェルブールグ》の国立露西亜美術館に収蔵されているクジマー・ペトローフ＝ヴォートキンの油彩画『朝の静物』にも美味しそうな透き徹る紅茶の入った垂直形の十二面のものが描かれていますが、やや喇叭《らっぱ》形でカットされた面の数がもう少し多くて唇の触れる周縁部だけは角《かど》のない滑《なめ》らかな帯状になっているソ連時代のものは、露西亜最大の映画スタヂオ『モス・フィルム』のロゴ・マークにもなっている巨大彫刻『労働者とコルホーズの女性』の作者として知られる彫刻家ヴェーラ・ムーヒナがデザインしたとも云われています。私は、食堂《ストローヴァヤ》やスタンド・カフェや列車の区分客室《コムパートメント》など至るところで目にしたり手にしたりしていた「ムーヒナのコップ」にすっかり情が移り、録音技師のＬさんに戴いた文豪ニコラーイ・ゴーゴリの像が側面に刻まれた金属製で柄《え》の附いたコップ受け《ポドスタカーンニク》と共に愛用のこの硝子のコップを日本へ持ち帰って露西亜を偲ぶ寄す処にしたかったのですが、それも、引っ越しの荷物が夥しくて叶わぬ夢となりました。さて、共用のコップで受ける一掬いの泉のようなソーダ水には、宿酔《ふつかよい》の躰を引き摺って職場へ向かうときなどによくお世話になったことでしたが、やがてペット・ボトル入りのコーラやジュースが商店で手軽に買えるようになるとお役御免となったのか、燻んだジュラルミン色のそんな自動販売機は、さっぱり見掛けなくなり、コインを入れてボタンを押すとがががっと全身を震《ふる》わせて泡立つ水をしょわっと

（左）復活したソーダ水の自動販売機（アフトマート）。2013年8月24日。アムール河岸通りで。
（右）街角のクヴァース売り。2005年5月下旬。ムラヴィヨーフ=アムールスキイ通りで。

硝子のコップへ注《つ》いでくれるその音も、いつしか街から消えていきました。街路樹の楊《トーポリ》の木蔭の、頼もしく懐かしい私の「鉄人28号」。

セーメチキ

向日葵の種の殻は、白と黒の縞模様ですが、露西亜の人たちは、セーメチキと呼ばれる殻ごと炒ったその種子を、よく齧っていました。殻の尖ったほうの端が自分の口のほうを向くように拇指と食指で種の横腹《よこはら》を両側から挟んで縦に持ち、種の尖《さき》っぽを上下二本の前歯でそっと噬むと、かりっと殻が割れて巧く実を出すことができるのですが、強く噬み過ぎると、殻も実も口の中で粉々になり、香ばしい実と一緒に蘞辛《えがら》っぽい殻も嚥《の》み込んでしまうことになります。セーメチキを齧るには、それなりの骨《こつ》がいるのですが、殆《ほと》んど手を使わずに殻だけ上手に吐《ほ》き出して実を食べることのできる人もいます。そんな藝人さながらのセーメチキ好きの人の前歯は、いつも殻を噬む部分がいつの間にか磨り減って、それ専用の凹《へこ》みさえできているそうです。一種のペン胼胝《だこ》みたいなものでしょうか。セーメチキは、スーパー・マ《スペルマー》ーケット《ルケット》などでもビニールの小袋に包装されたものが売られていますが、市場では、日本の運動会の袋跳び競争で使われる麻袋のような袋にぎっしり詰まった真っ黒のセーメチキが、多角形の硝子のコップ《グラニョーヌイ・スタカーン》に一杯が幾らというふうに売られていて、クリョークと呼ばれる新聞紙で拵えた三角や梯形《ていけい》の小袋に盛ってくれるのでしたが、そんなクリョークを目にするたびに、帽子代わりの兜の折り紙や熱々の芋を新聞紙に包《つつ》んでくれた石焼き芋屋さんの赭《あか》い手などが懐かしく想い出されるのでした。ちなみに、私がソ連へ渡った一九八〇年代末には、植物油と云えばたいてい向日葵の種を原料とするサンフラワー油でしたが、それが好きという人もいる独特な匂いが一寸《ちょっと》鼻に附いてなかなか慣れることができず、やがて大豆や玉蜀黍《とうもろこし》の油も出廻るようになると、専らこちらを使うようになりました。なお、一説に依れば、向日葵は、加密列《かみつれ》と共に露西亜の国花だそうですが、露西亜極東では、日本のテレヴィ局の取材班に同行して訪れた穀倉地帯であるアムール州の炭砿都市ライチーヒンスクの郊外の何処までも青い夏の空の下に広がっていた一面の向日葵畑が、印象に残っています。

ソーセージ

ソーセージは、チーズと同様、露西亜では、日本と比べて種類がとても豊富で値段も手頃だったように想います。ソ連時代には、国定規格（ГОСТ）によって品質の水準が確《しっか》りと保たれ、ソ連崩壊後は、それに代わって技術条件（Ту）が導入されましたが、例えば、ドクトル・ソーセージという脂肪分が少なく健康的で庶民に愛されているボイルド・ソーセージは、昔のほうが迥《はる》かに美味しかった、という聲も耳にします。ボイルド・ソーセージは、約八十度の温度で茹でて製造される太くて柔らかい肌色のソーセージで、そのまま薄切りにして麵麭《パン》に載っけてお八つのように紅茶といただいたものでした。セルヴェラートと呼ばれるほどよい硬さとまろやかな風味で際立つスモーク・ドライ・ソーセージも、忘れ難《がた》い腸詰めです。原料には、仔牛、豚、馬、兎などの肉が使われるそうですが、ソ連の国定規格によると、成分は、上等な牛肉二十五%、脂身の少ない豚肉二十五%、脂身の多い豚肉若《も》しくは豚の胸肉五十%、鹽《しお》、砂糖、亜硝酸ソーダ、黒か白の挽いた胡椒、カルダモンまたはナツメグとなっています。ハバーロフスクでは、いろいろなセルヴェラートが愉しめましたが、「イエヴロペーイスキイ（欧風）」というのが、癖のない上品な味で食べ易く、焼きたての棒麵麭《バトーン》との相性も抜群でした。それから、高熱処理しない冷燻ソーセージは、値は張るものの確《しっか》りした噛み応えと深い味わいがあり、祭日などには、コニャック入りの「モスコーフスカヤ（莫斯科《モスクヴァー》風）」というこの類いのソーセージを酒の肴に一切れ購《もと》めたりしたことでした。それから、仕事で帰りが晩くなって夕飯を作るのが億劫なときなどには、蛇が蜷局《とぐろ》を巻いたような形が蝸牛《かたつむり》や菊石《アンモナイト》を連想させる烏克蘭《ウクライナ》ソーセージを帰宅の途中で購め、フライ・パンで熱々にしていただいたものでしたが、これは、前菜《ザクースカ》というよりもそのまま主菜になる食べ応えのある一品でした。また、ウィンナーすなわち維納（ウィーン）風ソーセージ《ソシースカ》や露和辞典ではボックヴルストとも譯されているフランクフルターすなわちフランクフルト風ソーセージ《サルデーリカ》も、焼くか茹でるかしてケチャップやマスタードを添えるだけで手軽に食べられるので、いつも少し多めに買って冷蔵庫に入れておいたものでした。旅先でもソーセージはよくいただきましたが、二〇〇六年の真冬に東西比利亜《シベリヤ》の広大なサハ共和国《ヤクーチヤ》の主都ヤクーツクの近郊のハターッスィ（ヤクート語 ハタス）という村の民家でご馳走になった珍羞《ちんしゅう》の中には、茹でた馬肉、凍らせた仔馬の肉、仔馬のレヴァーの串焼きなどの他《ほか》に、馬の血と乳を腸に詰めた自家製のソーセージもあり、ヤクート人は馬と一体の民族であるという想いをいっそう深くしたことでした。ソーセージと同様、ハムにもいろいろな種類があって、最近はピスタチオ入りのものなども売られていますが、我が家では、厭《あ》きの来ない味で値段も手頃なその名も「ドリャー・ザーフトラカ（朝食用）」というハムをよく食べていました。さて、一昔前のほうがずっと美味しかったものと云えば、スラヴ風焼き豚といった感じの「スラヴャーンスキイ・チェリカテース（スラヴの珍味）」も、その一つかも知れません。泥濘《ぬか》るんだ頭の中を言葉の蹄《ひづめ》で容赦なく踏み荒らされるようなしんどい翻譯の仕事を了えた後に、柔らかな褐色の肉と蕩《とろ》けるような乳色の脂が仄かな胡椒の香りと織り成すその味の調べを、透明な一口盃《ストープカ》の火酒《ヴォートカ》ですとんと喉の奥へ落とすのは、まさに至福の時でした。放送センターの前のトゥルゲーネフ通りの半地下の小さな商店へ一っ走りして一罎の火酒と共に買ってくるその佳肴《かこう》は、今のように予め見場《みば》好く真空に包装されたものではなく、マトリョーシカ人形のようにふっくらしていて気のさくい売り子さんが慣れた手附きで無造作ににこやかに更紙に包《つつ》んでくれるもので、そんなところにも、ゆっくり流れる時の温もりや肌触りのようなものが感じられたことでした。

蔬菜

ソ連へ渡ったのは晩い秋でしたから、蔬菜の乏しいことは覚悟していましたが、案の定、青果店で目に触れる蔬菜と云えば、馬鈴薯、人参、玉葱、甘藍《キャベツ》、火焔菜《ビート》くらいで、店内は、空気がどんよりと淤《よど》んで土臭く、水墨画を想わせる侘しさすら漾《ただよ》わせていました。兎に角ヴィタミンを摂らなくてはと想い、例えば人参を買おうとしても、ビリヤード台に似た売り台に無造作に積まれる人参は、大きめの増しなものから買われていくらしく、私は、いつも売れ残りの泥に塗《まみ》れた男児の可愛いおちんちんくらいの小さな人参を拾い集め、社宅の台所《クーフニャ》で禿《ち》びた鉛筆でも削るように薄く皮を剥いて細かく刻んでは、卵と一緒に雑炊に入れたりしていました。火焔菜は、独り身のときには、食べ方がよく分からないので買うことはありませんでしたが、所帯を持ってからは、生の玉葱と茹でた人参や馬鈴薯や火焔菜を賽の目に切って青豌豆《グリーン・ピース》を添えて向日葵《ひまわり》油で和《あ》えるヴィネグレートというサラダをときどきいただくようになりました。甘藍は、生のものの他《ほか》に醗酵させたザウアー・クラウトもよく売られており、我が家では滅多に買いませんでしたが、これを使って酸味のあるシチーという露西亜の伝統的なスープを作る家庭も多いようでした。さて、暫くすると、白菜や花甘藍《カリフラワー》にもお目に掛かるようになりましたが、露西亜では、白菜は、中国の甘藍《キターイスカヤ・カプースタ》若《も》しくは北京の甘藍《ペキーンスカヤ・カプースタ》、花甘藍は、花の甘藍《ツヴェトナーヤ・カプースタ》と呼ばれていました。或る夏には、甘藍の変り種でどこか根菜を想わせるコールラビ《コリラービ》を街角の市場で見附けて購《もと》めたこともありました。ソ連から露西亜に変わると、輸入物ばかりでなく地元産の蔬菜の種類も豊富になっていき、和蘭三葉《セロリ》や芽花椰菜《ブロッコリー》や菠薐草《ほうれんそう》にひょっこり出遇うこともありました。そして、近年は、国内産や外国産の冷凍野菜が一年中《ぢゅう》何処のスーパー・マーケット《スーペルマールケット》でも売られるようになりました。秋に移り住んだときには、生の蕃茄《トマト》は、殆《ほと》んど見掛けませんでしたが、蕃茄ジュースは、スタンド・カフェでコップに注《つ》いでもらって飲むことができ、三立《リットル》入りの罐に入ったものが商店の棚にずらりと竝んでいました。やがて、夏を迎え、市場や街角でいろいろな形や大きさのピンク系やオレンジ系の色をした捥ぎたての蕃茄が売られるようになると、毎日のように生のままいただいていました。なお、蕃茄も、胡瓜《きゅうり》と同様、多くの家庭で越冬用の罐詰めが作られていて、街角でそれを売る人たちをよく見掛けたものでした。ちなみに、蕃茄は、日本では、赤茄子とか小金《こがね》瓜《うり》とも呼ばれるそうですが、露西亜では、トマート若しくはポミドールと呼ばれ、ハバーロフスクでは、専ら伊太利亜語で「金の苹果」を意味するポミドールと呼ばれているようでした。

卵

卵さえあれば、ソ連という異国でもなんとか暮らしていけるかも知れない、と想っていました。幸い、私がハバーロフスクへ移り住んだ一九八〇年代末には、地元の養鶏場で生産される卵がいつでも手に入り、毎日のように卵を食べることができましたが、一九七〇年代には、鶏の肉や卵は、他《ほか》の地域から供給されるのでいつでも売られているわけではなく、妻の知人の女性は、赤ん坊を乳母車に乗せてプーシキン通りを散歩していたところ、たまたま近くの牛乳店で卵が売りに出されたので、職場の同僚の分もと一ケース三十個入りの卵を五ケースも買い、赤ん坊の上から乳母車に載せてなんとか家まで運んだのですが、そんな重荷を負わされた赤ん坊は、ぽんぽんが痛くて夜通し泣いていたそうです。ちなみに、ケースと記しましたが、その當時、卵は、慥かに十個幾らで売られてはいるものの日本のように十個づつ綺麗にパックされているわけではなく、卵売り場には、縦に五列と横に六列の凹《へこ》みに全部で三十個の卵を収めることのできるヤチェーイカ（細胞、格子、網目）と呼ばれる粗末な段ボール紙でできた四角い受け皿のような容器が幾つも層《かさ》ねられており、例えば、独り暮らしの年金生活者は、十個なら十個、家族の多い家庭の主婦は、ヤチェーイカごと三十個なら三十個の卵を購《もと》めては、たいてい、売り場の脇の台の上で持参した容れ物へ買った卵を一つづつ移すのでした。容れ物は、各人各様で、ナイロン製の買い物袋に容れる人もいれば、アヴォーシカと呼ばれる万能の網袋に容れる人もいれば、市販の卵専用のカラフルなプラスチック製のケースに容れる人もいました。ちなみに、そのケースは、蜂の巣房《すぼう》のような正六角形をしていて、底の面と蓋の面の夫々《それぞれ》にヤチェーイカと同じく三十個の凹みがあり、日本の家庭用章魚《タコ》焼き器を凹みのある面を内側にして二つ複《かさ》ね合わせたような感じでした。買った卵を底の面の凹みにみんな沈めて上からぱちんと蓋の面を被せて把《と》っ手を摑んでアタッシェ・ケースのように脇に提げて運べば、卵が落ちたり割れたりすることはありませんでしたが、インテリ風の紳士がそんなケースで卵を運ぶ光景は、どこか滑稽で微笑ましく想えたことでした。やがて商品の包装が至れり尽くせりになってレジ袋なるものも現れるようになると、そんな卵容れも、アヴォーシカと同様、さっぱり見掛けなくなりました。ちなみに、卵と云えば、卵十個の値段はその国や地域の経済を映す鏡であるという話を何処かで耳にした憶えがあります。ところで、ハバーロフスクの卵は、栄養や鮮度が今一つなのか、黄身がなんとなく白っぽくて拉《ひしゃ》げており、生で食べるのをぐっと我慢していたので、休暇で帰国した際に実家で卵掛け御飯を食べるときには、いつも卵黄の色や艶や張りに目を奪われたことでした。さて、露西亜にも、オムレツ、茹で卵、そして、やはり目に由来する目玉焼きなど、卵を使ったいろいろな食べ物がありますが、茹で卵は、ピクニックや列車の旅や親族追善供養の日《ロヂーチェリスキイ・ヂェーニ》の墓参などには附き物であり、ピロシキーやミモザ・サラダの具として使われることもありました。それから、復活大祭《パースハ》のときには、茹で卵を使ってイースター・エッグを作る家庭も多いようで、ハバーロフスクで初めての復活大祭を迎えたときには、波蘭土《ポーランド》系の女性の友人が、茹で卵の殻に自分で彩色を施したというイースター・エッグを幾つかプレゼントしてくれました。最近では、手軽なイースター・エッグ用の染め粉も市販されていますが、それらは、玉葱の皮と一緒に茹でたものはマグダラのマリヤの掌中の卵のように仄かな朱色に染まり、色取り取りの絲を殻に巻き附けて茹でたものには七色の光りの条《すじ》の交わる奇しき跡が泛《う》かぶ、創り手の温もりの感じられる復活の卵でした。

チーズ

チーズは、ソーセージと同様、種類が豊富で値段も手頃で、露西亜の食文化の大きな一翼を荷《にな》っているという印象を覚えました。私がソ連へ移り住んだ一九八〇年代末の物不足の時代にも、放送局の外国人専門職員を対象に月二回配給される食料品の中には、いつも更紙に包《つつ》まれた五百瓦《グラム》ほどのナチュラル・チーズが一塊り含まれていました。日本では子供の頃から学校でも家庭でも専らプロセス・チーズを食べていたせいか、そのナチュラル・チーズのどこか洗濯石鹸を想わせる硬い食感と癖のある匂いになかなか慣れることができませんでしたが、徐々にその深い味わいの擒《とりこ》となっていくのでした。ソ連が崩壊し、資本主義が社会主義に取って代わり、市場経済が計画経済に取って代わると、ハバーロフスクでは、大型ショッピング・センターなどのチーズ売り場のスペースがだんだん広がり、輸入物のいろいろな種類のナチュラル・チーズもショー・ケースにずらりと竝ぶようになりましたが、それらは、結構値が張るので誰もが買えるというわけではなく、庶民にとっては、手に入れるのではなく目に触れるだけのまさに高嶺の花でした。我が家でよく食べていたナチュラル・チーズは、どちらも西西比利亜《シベリヤ》南部のアルターイ地方の山麓で生産されるスイス風の二種類の硬質チーズでした。『スイスの《シヴェツアールスキイ》』という商標のものは、エメンタール・チーズのように大きな穴があり、如何にもチーズらしい風味と舌触りが愉しめました。『ソヴェートの《ソヴェーツキイ》』という商標のものは、ほどよい脂肪分と確《しっか》りした噛み応えが魅力で、上にΠ字型の把《と》っ手の附いた四つの側面の目の麤《あら》さがみんな異なる角筒形の下ろし金《チョールカ》で摩り下ろし、茹でたマカロニなどに振り掛けることもありました。軟らかくて味に癖のないプロセス・チーズは、『琥珀《ヤンターリ》』とか『友愛《ドゥルージバ》』といった商標のものが、銀紙に包《つつ》まれたりプラスチック容器に詰められたりして売られており、薄く切った黒麺麭《パン》や棒麺麭《バトーン》にたっぷり載せてよく食べたものでした。ちなみに、チーズは、露西亜語でもスィールとにっこり微笑むように発音するので、露西亜では、みんなで写真を撮るときの極まり文句にもなっていました。

肉

一九八九年にソ連へ移り住んでから初めて食べた肉は、波蘭土《ポーランド》系の知り合いの女性の家へ遊びに行ったときに日當たりの好い狭い台所《クーフニャ》の一隅でおでこをくっ附けるようにして麵麭《パン》と紅茶と馬鈴薯のスープと共にご馳走になった茹でた鶏の手羽だったような気がしますが、骨附きの肉を口風琴《ハーモニカ》みたいに両手で摑んで一心にしゃぶりながら食べる臈《ろう》たし乙女の面差しにちらりと野性のようなものが垣間見られてどきっとしたのを憶えています。鶏肉と云えば、露西亜や烏克蘭《ウクライナ》には、キーエフ風カツレツ《コトレータ・ポ・キーエフスキ》というお馴染みの料理があって、ハバーロフスクでも、洋食レストランの品書き《メニュー》にはたいてい含まれていたように想います。これは、バター若《も》しくは茸や粉チーズを加えたバターを真ん中に詰めたチキン・カツで、香ばしく風味が饒《ゆた》かで頗《すこぶ》る美味しいのですが、肉刀《ナイフ》を入れた瞬間にバターの汁がぴゅっと噴き出ることがあるので、そこはいつも心していたものでした。牛肉は、まだ独り身だった頃、ソ連時代に外国人専門職員を対象に月二回配給されていた食料品の中に平らに切断された冷凍肉が一瓩《キロ》ほど含まれていましたが、自分では煮ても焼いても硬くて食べられず、日本課長の奥さんがときどきその牛肉を使ってボールシチやメンチ・カツ《コトレータ》を作ってくださったことでした。豚肉は、私が露西亜でそれを食べるようになったのは所帯を持ってからで、休日などに散歩がてら妻と中央食料市場へ出掛けて、競輪場のトラックを小さくしたような角丸四《かどまるし》角形《かくけい》の肉売り場で牛肉や羊肉と同じようにぶつ切りのまま量《はか》り売りされている屠《ほふ》られたばかりという新鮮なものを買ってくるのでしたが、私は、部位や鮮度や品質の見分けが丸でつかないので喙《くちばし》を容れず、専ら妻が、これはというものを目敏く択んでは財布と相談しつつ売り子さんと交渉し、そんなことを繰り返しながら肉売り場を何周かした末に漸《や》っと一塊り手に入れて、自宅で綺麗に捌いて豚カツやメンチ・カツや西比利亜風餃子《ペリメーニ》を作ってくれるのでした。狩猟鳥獣《ジビエ》は、ソ連時代、カール・マルクス通り十一号棟にあった木の実や苺《ベリー》や茸や山菜といった野生有用植物や蜂蜜などの自然食品を扱う商店で、赤黒い

中央食料市場の屋外売場。2010年5月23日。

熊の肉が売られていることがありました。また、北海道では、蝦夷鹿《エゾシカ》の罐詰めが生産されているようですが、馴鹿《トナカイ》飼育の盛んな極北のヤマール半島（西西比利亜《シベリヤ》北部）やチュコートカ半島（露西亜最北東端）では、馴鹿の罐詰めが生産されているそうです。馬肉は、北氷洋に面する極北のサハ共和国《ヤクーチヤ》の主都ヤクーツクを訪ねた際、凍った生肉の薄切りやレヴァーの串焼きといったいろいろな料理を一般の家庭や老舗のヤクート民族料理店でいただきましたが、抗癌作用もあるという馬肉がサハ共和国から日本へ直輸入されていたこともあるとのことでした。ちなみに、ハバーロフスクのヴォロチャーエフスカヤ通り百六十三号棟にあるサハ共和国の極東連邦管区常設代表部に併設された売店では、特産のダイヤモンドなどを使った宝飾品や毛皮製品の他《ほか》に、郷土の火酒《ヴォートカ》や鉱泉水や魚の燻製や馬の生肉や腸詰めといった食料品も、売られていました。それから、一九九七年の初秋には、沿海地方の北部を東から西へ流れるビキーン河の畔りの先住少数民族ウデヘー人を中心とする多民族村クラースヌイ・ヤールで、仕留めたばかりの赤鹿《イジューブル》のレヴァー刺しに舌鼓を打たせていただいたこともありました。蛇足ながら、肉と云えば、露西亜では、「中途半端、どっち附かず、取り柄のない、得体の知れない、帯に短し襷に長し」といった意味の「魚でもなし肉でもなし《ニ・ルィーバ・ニ・ミャーサ》」という慣用句をよく耳にしたものでした。

乳飲料

ソ連で暮らし始めた頃、牛乳は、半弧を描く金属の把《と》っ手の真ん中に木製の握りが附いた三立《リットル》入りの琺瑯《ほうろう》引きの寸胴の容器などへ注《つ》いでもらう量り売りのものを買うこともできましたが、私は、たいてい半立入りの翠懸《みどりが》かった透明の硝子罎に入ったものを買っていました。その罎は、ずっしり重くて確《しっか》りしており、側面の硝子の厚さが、日本の牛乳罎の底の厚さくらいあるようにさえ感じられました。牛乳には、日本のように業者さんが配達して回収してくれるサーヴィスはなく、空き罎は、自分で食料品店に併設されている回収所へ運んでいけば一罎につき何哥《コペーイカ》かで引き取ってもらえ、共用の芥函《バーク》の脇に立てておけば誰かしらが罎代を貰うために回収所へ運んでくれるので、割れていない限りぽいと捨てられていることはないのでした。露西亜人は、乳製品が大好きというか、それなしでは暮らせないようで、乳製品の売り場は、いつも混み合って行列《オーチエレヂ》ができていました。そこでは、普通の牛乳《モロコー》の他《ほか》、飲むヨーグルトといった感じの醗酵牛乳《ケフィール》や名曲喫茶の維納《ウィーン》風の珈琲を連想させるクリーム《スリーフキ》も売られていましたが、いづれも乳白色をしていて見分けが附き難《にく》いせいか、罎の口に冠《かぶ》せられた円いアルミ箔の蓋の色で中身が判るようになっていました。慥《たし》か、牛乳は銀色、醗酵牛乳は緑色、クリームは菫色、というふうに。そして、蓋の中央には、製造された曜日を示す番号が打刻されていました。慥か、1は月曜日、2は火曜日、というふうに。なお、値段は、牛乳や醗酵牛乳よりもクリームのほうがだいぶ高かったのを憶えています。クリームと云えば、週に一度の非番の日にハバーロフスク国立教育大学の空《あ》いた教室やご自宅の居間で露西亜語を個人的に教授していただいていたマトリョーシカ人形のようにふっくらした女性の教師は、貧相な躰附きの私を想い遣るように栄養満点のクリームをどんどん飲むことを奨めてくれるのでした。なお、露西亜語で「クリームを取る《スニマーチ・スリーフキ》」というと、「一番好いところを取る、自分だけ美味《うま》い汁を吸う」という意味になり、ときどき、揶揄を含んだそうした云い廻しを衢《ちまた》で耳にすることもありました。乳製品には、ヴァレニェーツ（煮沸した酸乳）、リャージェンカ（とろ火で煮た酸乳）、スィーヴォロトカ（乳清）などもあり、私は、それらを買うことは殆《ほと》んどありませんでしたが、スィーヴォロトカは、オクローシカという冷製スープを作る際に露西亜の清涼飲料クヴァースの代わりに使われたりもするそうです。さて、重たいし面倒なのでなかなか回収所へ運んでいく決心が附かぬままにじわしわと台所《クーフニャ》の床に林立して蔓延《はびこ》っていくごっつい罎がやがて手軽に捨てられる紙やビニールのパックに取って代わられるようになると、いつしか回収所の数が減り、近所の回収所も閉じられて、係りのお姐さんと窓口《まど》越しに交わす他愛ない遣り取りもなくなってしまいました。ちなみに、ビニール・パックの牛乳と云えば、漏斗《ヴァローンカ》のことが想い出されます。知り合いの北海道大学のM先生が、いつものように北郊の露西亜科学アカデミー・極東分院・経済研究所のゲスト・ハウスではなく中心街の友人の空《あ》いた住居を藉りてハバーロフスクに滞在されたときに、「ビニール入りの牛乳の飲み残しを硝子の容器へ注《そそ》ぎ移すのに、小さな漏斗のようなものが、あるといいのですが。」と仰ったので、いつも替《か》えの電球を買っていたレーニン通りの雑貨屋でプラスチック製の漏斗を見附けて買っていくと、先生は、たいそう喜ばれ、後日、季刊『六花《りっか》』というハバーロフスク日本人会会報へ「ワロンカ物語」という心温まる一文を寄せてくださったことでした。

配給品

ソ連時代、放送局の外国人専門職員には、食料の配給があって、月に二回、翻譯の合い間にジェルジーンスキイ通り五十四号棟の放送局から職場のジープでカール・マルクス通り九号棟の中央食料品店《ツェントラーリヌイ・ガストロノーム》の中庭の通用口まで運んでもらい、バターやチーズ、ソーセージや冷凍の牛肉、牛肉の蒸し煮や鮭鱒類の水煮の罐詰め、當時はたいへん貴重だったインスタント珈琲やコンデンス・ミルクといった食品を定価で頒《わ》けてもらうのでした。ちなみに、この中央食料品店は、元々はクンストとアリベルスというハムブルク出身の独逸人が創業した『クンスト&アリベルス』商会の建て物で、現在はハバーロフスクの建築文化財の一つとなっており、正面部分《ファサード》の突出翼部《リサリト》の顱頂部《ろちょうぶ》にはローマ神話の商人や旅人の守護神メルクリウス《マーキュリー》を含む三つの彫像から成る粧飾《しょうしょく》が施されています。さて、食料品の配給は、たまに職場でも希望者を対象に行われることがありました。着任してほどなく、小振りの青い苹果《りんご》が配られたことがありましたが、翻譯室の奥まで斜めに差し込む晩秋の小春日和の柔らかな光りの中で、皮も剥かずに襯衣《シャツ》の袖で少し擦っただけで右往左往しながら苹果を齧り始めると、自分が動物園で飼われている猿のように想われてなんだか可笑しくなりました。また、丸ごと一羽づつビニールに密封包装された洪牙利《ハンガリー》産の冷凍の鶏肉が配給されたこともありました。さっそく社宅へ持ち帰り、生まれて初めて使う瓦斯天火《ガスオーヴン》というものに燐寸《マッチ》で火を点け、鹽《しお》と胡椒をたっぷり振り掛けた鶏肉を四角い天火皿の真ん中に坐らせ、硝子の覗き窓《まど》のある把《と》っ手附きの扉を下から上へ弧を描いてぱたんと閉めると、そのうちにテレヴィを視ていた居間のほうにまで香ばしい匂いが台所《クーフニャ》から廊下を鈎《かぎ》の手に曲がって漂ってきて、ときどきスリッパ《ターポチ》をぱたぱたいわせて焼け具合いを覗きに行きながら一時間ほど待っていると、恰《まる》で脂の汗《アキ》を掻いたかのように一廻り身の緊《し》まった鶏肉が狐色にこんがり焼き上がりましたが、普段はそれこそ骨と皮だけのスープ用の鶏肉ばかり齧っていたせいか、その肉附きの好い丸焼きは、この上なく美味しく感じられたことでした。それから、ソ連時代の末期には、配給券と引き換えに生活必需品を購入する制度が、国民全員を対象に導入され、私のような外国人専門職員も、その制度に組み込まれることになりました。タローンと呼ばれる配給券は、メモ帖くらいの大きさの小冊子に束ねられていて、月ごとに利用できる分量が定められており、費《つか》った分を店員さんが鋏で切り取る仕組みになっていました。対象品目には、燐寸、砂糖、小麦粉、植物油、穀類などの他《ほか》、酒類も含まれており、火酒《ヴォートカ》は、慥か半立《リットル》の罎入りが一人當たり月に二本くらいだったように想いますが、生下戸《きげこ》の人なら兎も角、飲兵衛なら云うまでもなく、多少嗜むくらいの人でさえ、それでは到底足りないのでした。タローンでは、火酒の代わりにコニャックや葡萄酒を買うこともでき、何度か、火酒もコニャックもドライ・ワインもないのでアグダムという亜塞爾拝然《アゼルバイジャン》産のポート・ワインを半ダースほど購《もと》めて社宅まで担いできたことがありましたが、その白葡萄酒は、めっぽう甘いうえに酒精が十九度に高められており、飲み過ぎると頭がずきんずきんと疼《いた》むので、いつの間にか敬して遠ざけるようになりました。

蜂蜜

蜂蜜は、露西亜の人々の暮らしに確《しっか》り溶け込んでいるようでした。ハバーロフスクの中央食料市場には、蜂蜜専用の馬蹄形の売り場があって、そこでは、アムール科木《シナノキ》などから採れる蜂蜜が量り売りされ、ウエハースや雷粔籹《かみなりおこし》を連想させる巣蜜《すみつ》も売られ、蜂蜜入りのミルク・シェイクのようなものを立ち飲みする人の姿も見られました。露西亜では、いろいろな種類の蜂蜜が採れるそうですが、或る露西亜語の資料には、国内でお馴染みの蜜源《みつげん》として次のような植物の名が列挙されていました。槐樹《アカシヤ》、馬肥《ウマゴヤシ》、楓《カエデ》、栗《クリ》、牛蒡《ゴボウ》、香菜《コリアンダー》、品川萩《シナガワハギ》、科木《シナノキ》、蕊長紫《シベナガムラサキ》、蕎麦《ソバ》、田村草《タムラソウ》、蒲公英《タンポポ》、蔓苔桃《ツルコケモモ》、灯台草《トウダイソウ》、菜種《ナタネ》、花楸《ナナカマド》、人参《ニンジン》、野芥子《ノゲシ》、薄荷《ハッカ》、春咲《ハルザキ》山芥子《ヤマガラシ》、向日葵《ヒマワリ》、目弾《メハジキ》、木犀草《モクセイソウ》、柳、柳蘭、駱駝刺《ラクダトゲ》、瑠璃萵苣《ルリヂシャ》、西洋山薄荷《レモンバーム》。また、蜂蜜の効能については、新聞の健康欄などでときどき紹介されていました。例えば、風邪の場合はこんなふうに。「風邪や流感のときには、周章《あわ》てて抗生物質に飛び附かないこと。天然の蜂蜜が、炎症を抑えてくれます。檸檬一個分の果汁と蜂蜜百瓦《グラム》を混ぜ合わせ、寝る前に大匙一杯を熱い紅茶か牛乳と共に服《の》みます。蜂蜜と大根の液汁《えきじゅう》を同量づつ混ぜ合わせ、大匙（小児は茶匙）一杯を一日二～三回服みます。蜂蜜と西洋山葵《ワサビ》（ホース・ラディッシュ）の液汁を同量づつ混ぜ合わせ、朝と晩に大匙一杯を服みます。バター大匙二杯、小麦粉茶匙一杯、蜂蜜茶匙二杯、卵黄二個をよく混ぜ合わせ、大匙二杯を一日に何回も服みます。蜂蜜と玉葱の液汁を同量づつ混ぜ合わせ、茶匙一杯を一日三回服みます。皮を剥いて磨り下ろした大蒜《ニンニク》と蜂蜜を同量づつ混ぜ合わせ、寝る前に大匙一杯を湯で服みます。科木の花と木苺の実を大匙一杯づつコップ二杯の湯で五分間煎じて十五分間そのままにしてから濾《こ》し、煎じ汁に蜂蜜大匙二杯を溶き、コップ半杯を一日三～四回解熱剤そして抗炎症薬として服みます。子供の鼻風邪には、火焰菜《ビート》の液汁百竓《ミリ・リットル》に蜂蜜三十瓦《グラム》を加え、左右の鼻孔に五～六滴づつ一日四～五回点じます。非道《ひど》い鼻風邪のときは、巣蜜を毎時間嚙《か》んで治します。一回の咀嚼時間は十五分で、滓《かす》は吐《は》き出します。急性副鼻腔炎《ふくびくうえん》のときは、四～六時間のそうした治療で十分。鼻詰まりがなくなり、痛みが退きます。再発予防のために、もう一週間一日一回巣蜜を嚙《か》みます。子供は、一日一回巣蜜を嚙み、食事のたびに大匙二杯の蜂蜜を食べると好いでしょう。鼻風邪や流感に罹《かか》り難《にく》くなります。」それから、宿酔《ふつかよい》の場合はこんなふうに。「飲兵衛たちが自ら編み出した宿酔撃退法。大匙四～五杯の蜂蜜と檸檬一個分の果汁を入れた半立《リットル》の普通の濃さの紅茶を喫《の》む。効果覿面《てきめん》、実証済み。」

麵麭《パン》

白麵麭、黒麵麭、棒麵麭、蒸し麵麭、揚げ麵麭、菓子麵麭、調理麵麭。麵麭《パン》にもいろいろありますが、露西亜には、日本の食麵麭みたいなものはなかったような気がします。コッペ麵麭を二廻りほど大きくして表面に浅い切り目を幾つか斜めに入れた感じの棒麵麭《バトーン》は、形がなんとなく似ているせいか、手にするたびに『サンダーバード2号』という子供の頃に人気のあった架空の超高速輸送機のプラ・モデルを想い出しましたが、露西亜の麵麭にしては柔らかいけれどもふわふわというわけではなく確《しっか》りした嚙み応えのある白麵麭で、そのときの気分で薄く切ったり厚く切ったりしてバターやチーズやソーセージなどを載せて手軽に美味しくいただいていました。日本の食麺麭より幅の狭い直方体の金属製の焼き型に入れて焼いたブハーンカと呼ばれる恰度《ちょうど》大人が片手で摑めるくらいの大きさの小麦やライ麦の麺麭は、ふっくらした直方体のその形がよく似ていることからウリヤーノフスク自動車工場製のУА《ウアー》З《ズ》－452やУА３－3741といったヴァン型車の愛称になってもいましたが、とくに日向《ひなた》の匂いのする焼きたては、皮がぱりっとしていて香ばしく、中がしっとりもっちりしていて、何も附けなくとも麺麭そのものの深い味が愉しめました。黒麺麭は、いろいろな種類がありましたが、我が家で一番よく食べていたのは、ボロヂーンスキイという片手にすっぽりと収まるほど小さいのにずっしりと持ち重りのする濃い鳶《とび》色のライ麦麺麭でした。名前の由来は、はっきりしていないようですが、一説には、レーフ・トルストーイの長篇小説『戦争と平和』でも描かれた露西亜の祖国戦争（ナポレオン戦争）の戦場となったボロヂノーに一人の兵士の未亡人が開いた女子修道院の修道女たちによって最初にこの麺麭が焼かれたのでボロヂーンスキイという名が附いたとも云われているようです。この黒麺麭の背には、姫茴香《ヒメウイキョウ》の実か香《コリア》菜《ンダー》の種が載っていて、ぷちっと噛《か》むと、独特の風味が口一杯に広がります。そう云えば、一切れの黒麺麭の匂いを確り嗅《か》いでから一口盃《ストープカ》の火酒《ヴォートカ》をきゅっと呷《あお》る露西亜流も、なかなか粋《いき》な感じでした。それから、黒麺麭と同様、日本では余り見掛けない麺麭に、麩《ふすま》入りのものがありましたが、この麺麭は、食料品店やバス停脇の売店《キオースク》にたいてい置いてあり、健康に好いというので我が家でもときどき買って食べていました。それから、フラット・ブレッドも、売られていました。レピョーシカと呼ばれる遊具のフリスビーのように円くて平たくて表面のところどころに薄《うっす》らと焦げ目の附いた白い麵麭は、とくに焼きたてはふわふわで香ばしく、中央食料市場でよく買ったものでしたが、近年は、烏茲別克《ウズベク》風レピョーシカといったキリール文字《キリーリツァ》の印《しるし》された透明なビニール袋に入ったものが、スーパー《スペル》・マーケット《マールケット》の麵麭の一隅に竝ぶようになりました。中央食料市場では、高加索《カフカース》地方を起源とするものの印度料理のナンを想わせるラヴァーシというほんのり狐色をした白くて薄べったいレピョーシカも、香草や香料の売り場の隣りなどでよく売られていました。過ぎ越しの祭り《ペーサフ》という猶太《ユダヤ》人の春の祭日には、マッツァーと呼ばれるクラッカー風の麵麭が食べられているようで、自分では食べたことがありませんでしたが、食料品店などで箱入りの四角いマッツァーを目にすることがありました。なお、見た目がどこかマッツァーに似ているクリスプ・ブレッド《フルスチャーシチィ・フレーベツ》は、翅のように軽くて口の中でふんわり蕩《とろ》けるような食感があり、ときどき買ってきては何も附けずに煎餅のようにぱりぱり食べていました。また、ラスク《スハーリ》は、昔から麵麭屋さんの棚の端っこに大きなビニール袋に入ったものが無造作に置かれており、ラスクを骰子《さいころ》状にした感じの麦《ビー》酒《ル》によく合うクルトン風スナック菓子《スハーリキ》は、近年、小袋に詰められたチーズやベーコンやマッシュルームといった風味のものを街角の売店や屋外のカフェ《レートニエエ・カフェー》などでよく見掛けるようになりました。

麦酒《ビール》

嘗《かつ》て、冷えていなくて泡の立たないソ連の麦酒《ビール》は、日本人の間《あいだ》で「馬の溲《いばり》」などと揶揄されていました。私が移り住んだばかりの頃のハバーロフスクでは、ゴルバチョーフ政権の禁酒令によって麦酒工場の製造ラインが停められてしまったらしく、外貨専用のバーやショップで売られている輸入ものの麦酒を除いて麦酒というものにお目に掛かることはまずありませんでしたから、或る晩、同じ階の二つ隣りの家の主人が、何処から手に入れてきたのか、夜な夜な露台《バルコーン》から月に向かって吠えている異邦人の私を愍れみ宥めるように半立《リットル》入りの国産麦酒を一罎にこやかに差し入れてくれたときには、恰《まる》で優しいピエロの手品師が月から遣わされてきたかのように想われたことでした。レーニン通りの東の突き當たりにあるレニングラーツカヤ通り二十八号棟の極東動力機械製作所《ダリエネルゴマーシ》というこの町で屈指の大企業に勤めているその人が職場でたまたま手に入れたというその麦酒は、慥《たし》か『ジグリョーフスコエ』という銘柄で、レッテルは、ずんぐりした罎の肩口の辺りに涎掛けのようにちょこんと貼ってあるだけで、その味は、キレがどうのコクがどうのという以前の紛れもない麦酒の味そのものなのでした。やがて、ときどき街角で麦酒が量り売りされるようになると、私は、いつもポケットに把《と》っ手附きのビニール袋を忍ばせておくようになりました。そして、露西亜の清涼飲料クヴァースを搬んできてそのまま量り売りする黄色いタンク車と全く同じとも想える麦酒用の黄色いタンク車を目にすると颯っと行列《オーチェレヂ》に竝び、たぷたぷと搬ばれてくる間《あいだ》に気が抜けてしまったと想われるもののなかなかよく冷えているその麦酒を二枚のビニール袋に盈々《なみなみ》と注《つ》いでもらい、それらを双手に一つづつ提げて金魚売りのようにふわふわと緩やかな足取りで家路を辿ったものでした。當時はまだペット・ボトルなどという気の利いたものはなく、そのうちに義弟から一つ譲ってもらった五立《リットル》入りの半透明のごっついポリ罐《カニーストラ》を使うようになりましたが、蛇口からちょろちょろと注《つ》がれる麦酒はタンクの中で忽ち泡と化し、売り子さんは一寸《ちょっと》困った顔をして少し泡が引くのを待ってからまた注ぎ足すということを繰り返し、一つの容器はなかなか盈たされず、一本の行列はなかなか縮まらないのでした。やがて、国産の他《ほか》、欧米、中国、韓国、日本などのメーカーの罐や罎の麦酒が普通に売られるようになり、二〇〇三年には、ハバーロフスクの北郊に『バールチカ』という国産麦酒の工場が完成しました。国産麦酒の種類は、遽《にわ》かに殖え、ハバーロフスクでは、『アムール』、『ボチカリョーフ』、『ネーフスコエ』、『クリーンスコエ』、『白い熊《ベールイ・メドヴェーヂ》』、『金の樽《ゾロターヤ・ボーチカ》』、『古い《スタールイ・》風車《メーリニク》』、『西比利亜の王冠《シビールスカヤ・コローナ》』など、いろいろな銘柄の麦酒が出廻っていましたが、私は、その工場で醞釀《うんじょう》される非低温殺菌処理の『極東・生《デーヴェー・ジヴォーエ》』という二立半のペット・ボトル入りの地麦酒をこよなく愛し、プーシキン通りを挟んで我が家の斜向かいにある終夜営業の売店《キオースク》の乙女に何度その名を告げたことか知れません。今も露西亜の麦酒に郷愁《ノスタリギーヤ》を感じるのは、その稀有な味わいや独特な飲み応えも然《さ》ることながら、そんなふうに異国の市井の人たちと触れ合いながら麦酒を手に入れて寓居への階段を上って鍵を取り出して扉を開けて閉めて沓《くつ》を脱いで硝子の洋盃へそれを注《つ》ぐという何でもない日々の記憶のせいかも知れません。

ピロシキー

「明日、いらっしゃい。」《ブリホヂーチェ・ザーフトラ》ソ連で暮らし始めて間もない頃、路上のピロシキー売りの小母さんに鰾膠《にべ》もなくぴしゃりとそう云われたときほど、頭の中が真っ白になったことはありませんでした。何十分も行列《オーチエレヂ》に竝ばされていたのに釣り銭がないという状況を全く想定していなかった私は、言葉を失くして棒を呑んだようにその場を立ち去る他《ほか》ないのでした。今も、その行列に竝んでいた物云わぬ人たちの私を愍《あわ》れむような眼差しを小銭の大切さと共に微《ほろ》苦く想い出すことがあります。後《あと》から想えば、後ろの人に留《ルーブリ》紙幣を哥《コペーイカ》玉に崩してもらうとか、お釣りは結構ですとその小母さんに告げるなどして、その揚げたてのピロシキーを手に入れて口に入れる術は、いろいろとあったわけですが、そのときは、背後の長蛇の列の無言の圧力のせいもあってか、情けないことに全く機転が利かず、返す言葉が露西亜語で一言も出てこず、砂を嚙《か》むような想いを味わいました。けれども、逆に云えば、こうした言葉の空白や空隙があるからこそ、少しづつそれを埋めていく愉しさがあるのかも知れません。白皚々《はくがいがい》の露西亜の雪野《ゆきの》を無辺のボードに見立てて未知なる異国の言葉という欠片《ピース》を一片《いっぺん》づつ嵌《は》めたり外したりする終わりのないジグソー・パズルに竊《ひそ》かに興じるように。ちなみに、帰国後、室生犀星の『昨日いらつしつて下さい』という詩に出逢ったとき、「明日、いらっしゃい。《プリホヂーチェ・ザーフトラ》」と云ったあの前掛け姿でピロシキーを売る小太りの小母さんが、想い出されたことでした。さて、所帯を持ってからは、妻が、青葱と茹で卵、甘藍《キャベツ》と挽き肉、春雨と玉葱と挽き肉、馬鈴薯と玉葱と挽き肉など、いろいろな具の組み合わせのピロシキーを、フライ・パンで揚げるのではなく天火《オーヴン》で焼いてくれて、ときには、スパイスとして具にカレー粉を加えてくれることもありました。ピロシキーと同様に露西亜で親しまれているブリーンやオラーヂヤも、よく焼いてもらいました。複数形ではブリヌィーと呼ばれるブリーンは、卵や牛乳などを加えて水で溶いた小麦粉や蕎麦粉を円く薄く焼いたものにイクラやキャヴィアやサーモンや醗酵《スメ》クリーム《ターナ》などを載せていただくクレープに似た料理で、とくに乾酪の週《マースレニツァ》と呼ばれる冬送りの謝肉祭の週には、何処からともなくそれを焼く香ばしい匂いが漂ってくるのでした。ブリーンは、次から次へと何枚も手迅《てばや》く薄く焼くのが骨《こつ》だそうで、露西亜には、「最初に焼くブリ《ピェールヴィ・ブリー》ーンは、お団子《ン・コーモム》」という「初めてのことに、失敗は附き物」といった意味の温かい諺がありました。なお、近年は、ハバーロフスク市内のあちこちにブリーン専門のカフェもお目見えしました。さて、ブリーンが、露西亜風のクレープなら、オラーヂヤは、露西亜風のパン・

ケーキかパヌケ・ノルマルでしょうか。オラーヂヤには、牛乳豆腐《トヴォローグ／トヴォーログ》で作るスィールニキや馬鈴薯で作るドラーニキなどがありますが、我が家では、とてもあっさりしていて何個でも食べられる南瓜や翠玉瓜《ズッキーニ》などの野菜を入れたオラーヂヤをよく焼いていました。それから、街角では、蒸かしピロシキー《パロヴィーエ・ピロシキー》とか中華ピロシキー《キターイスキエ・ピロシキー》とも呼ばれるピャンセーという日本の肉饅を一廻り大きくした感じの鹽胡椒味の挽き肉と甘藍《キャベツ》が詰まった蒸かし饅頭も売られていました。ピャンセーは、一九八〇年代中頃にサハリーン島西海岸のホールムスク（旧 真岡）で売られ始め、極東から西比利亜《シベリヤ》さらに哈薩克斯坦《カザフスタン》や烏茲別克斯坦《ウズベキスタン》へと広まったそうですが、ハバーロフスクでは、一九九〇年代中頃から売られるようになり、値段が手頃で食べ応えもあるせいか、ピロシキーと肩を竝べるファスト・フードとしてすっかり定着した感があります。街角では、その他《ほか》、詰め物が上から覗いて見える紡錘形の小さい露西亜風パイ《ピローグ》のラスチェガーイ、どちらもチュルク系民族の韃靼《タタール》人とバシキール人の伝統料理であるという丸いピロシキーのベリャーシ、チュルク系および蒙古《モンゴル》系の民族の伝統料理で高加索《カフカース》系の民族にも親しまれている特大の餃子の皮のような生地に挽き肉を挟んで揚げる半月形のチェブレークなども売られていましたが、半孤を縁取るぎざぎさのギャザーかフリルのような部分がかりっとして美味しいチェブレークは、詰めた肉と揚げた皮の間《あいだ》に空洞ができ易いので、薄いハムバーグ状の中身が丸ごとぽろっと地面へ落下しないように気を附けて食べるのが骨《こつ》でした。それから、中央食料市場の一隅には、北高加索のチュルク系民族のカラチャイ人とバルカル人の伝統料理であるというマッシュ・ポテトと挽き肉を生地に詰めて揚げるヒチーンの屋台があって、雁擬《がんもど》きを想わせるその揚げたてをはふはふいいながら食べたこともありました。近年は、シャウルマーの売店もあちこちに現れて、電熱器で炙《あぶ》った大きな肉の塊りの表面を削ぎ落としたものに繊《せん》切りの生野菜やマヨネーズ・ソースを添えてラヴァーシと呼ばれる薄べったい麵麭《パン》で包《くる》んだその露西亜風ドネル・ケバブを頰張る人の姿も見掛けるようになりました。漫《そぞ》ろ歩きながら気ままに味わうことのできるピロシキーとその仲間たちの匂いは、庶民の旺《さか》んな食欲を映しながら、アムール河の爽涼な風に運ばれて、街角に露西亜らしい趣きを添えていました。

ブテルブロード

ブテルブロードは、独逸語のブッターブロート（バター附きの麵麭《パン》）に由来しているそうですが、クラッカーではなく麵麭に具を載せるカナッペのお兄さんといった感じで、二切れの麵麭に具を挟むサンドイッチではなく一切れの麵麭に具を載せるオープン・サンドを指しているようでした。着任した當初、慣れない仕事に逐《お》われていた私は、ゆっくりと昼食を認《したた》める時間がなかったので、ほぼ毎朝、カール・マルクス通りとフルーンゼ通りの角の煉瓦造りの建て物（現ムラヴィヨーフ＝アムールスキイ通り二十六号棟）にあった珈琲スタンド附きの麵麭屋に寄り、日本のバター・ロールくらいの大きさのぱさぱさした丸い白麵麭を横に半分に切った面に具がちょこんと載ったブテルブロードを二つ買ってから職場へ向かいました。具は、一片《いっぺん》のバター、ナチュラル・チーズ、ボイルド・ソーセージ、秋刀魚《サーイラ》のオイル漬けの四種類あり、そのうちのどれか二種類をその日の気分で択《えら》んでいました。その店は、胸まである円卓で彳《た》ったまま珈琲か紅茶を啜《すす》りながら麵麭の類いを抓《つま》むところなので、買ったものは、持ち帰り用に包装してもらえるわけではなく、自分で用意したビニール袋などに入れるのですが、マドレーヌ用のカップを一廻り大きくして襞状の側面をやや低くしたようなアルミ箔の円い銀色の皿に盛られたブテルブロートは、幾ら平衡を保つように気を附けて運んだ心算《つもり》でも職場に着くまでにはたいてい皿ごと引っ繰り返っており、秋刀魚のオイル漬けを択んだときには、間違いなくビニール袋の中が油だらけになってしまうのでした。来る日も来る日もこんな「マーフィーの法則」に悩まされていると、そのうちに自分が自分で可笑しくなってくるのでしたが、「食麵麭を落とすと、必ずバターを塗ったほうが下になる。」とか「その確率は、絨毯の値段に比例する。」といったこのユーモラスな経験則は、露西亜語では「ブテ《ザコー》ルブロードの法則《ン・ブテルブローダ》」と呼ばれているのでした。さて、少し時間に余裕ができてくると、その四者択二のブテルブロードにすっかり厭《あ》きてしまった私は、毎朝、三十分ほど早めに社宅を出で、『協同組合専門学校《コオペラチーヴヌイ・チェーフニクム》』というレーニン通りの最寄りの停留所からバスに乗り、アムール河を左手に眺め、コムソモーリスカヤ広場の傍の停留所で降り、横断歩道《ゼーブラ》を渡ってから、カール・マルクス通り三号棟のコムソモーリスカヤ通り側に入り口のあるその名も『ブテルブロードナヤ』というスタンド・カフェへ寄り、少し行列《オーチエレヂ》に竝んでから、當時はアムール竝木路《ブリヴァール》二号棟の外国人旅行者向けのホテル『イントゥリースト』くらいでしか味わえなかった香り立つエスプレッソ珈琲、生ハムと生野菜のブテルブロード、酸っぱくて顎の附け根がきゅっとなる檸檬発砲水《レモン・スカッシュ》、ほんのり甘い一掬いの霧のような白樺ジュースなどを註文し、確《しっか》りと朝食を摂ってから、今日も露西亜語の原稿が私を鴨にするはずのジェルジーンスキイ通り五十四号棟の放送局へと、涼やかで亭々《ていてい》とした楊《トーポリ》の竝木がどこか指揮者のムラヴィーンスキイを想わせる中心街のカール・マルクス通りを、ゆっくりと歩いていったものでした。

苺《ベリー》

露西亜極東は、まさに苺《ベリー》の宝庫という感じで、私は、夏が来るとハバーロフスクの市場や街角で売られるさまざまな漿果《しょうか》を森の宝石のように旬の順に口へ運んでいくのでした。和蘭《オラン》陀苺《ダイチゴ》（ストロベリー）、黒実鶯神楽《クロミノウグイスカグラ》（ハスカップ）、木苺（ラズベリー、フランボワーズ）、黒苺《クロイチゴ》（ブラックベリー）、西洋酸塊《セイヨウスグリ》（グーズベリー）、赤酸塊《アカスグリ》（カラフトスグリ、レッドカラント）、黒酸塊《クロスグリ》（クロフサスグリ、ブラックカラント、カシス)、黒豆木《クロマメノキ》(ノーザンビルベリー)、苔桃(カウベリー、リンゴンベリー)、蔓苔桃(クランベリー)、西比利亜鳳梨《シベリヤアナナス》(シーベリー)というふうに。一疋《ぴき》の犬と一疋の猫と共に暮らす隣宅の年金生活の女性は、夏場にはダーチャ(小屋附きの家庭菜園)で摘《つ》んできたばかりの和蘭陀苺や黒酸塊の実を分けてくださり、正月には自家製の黒酸塊の露西亜風ジャム《ヴァレーニエ》を包《くる》んだ春巻形のパフ・ペイストリー《スローイカ》を差し入れてくださいましたが、その小麦色に焼けたぱりぱりの皮と甘酸っぱい濃紺のジャムの二重層ならぬ二重奏は、ぴったり息の合ったシューベルトのソナチネか宮澤賢治の『セロ弾きのゴーシュ』で流れる「二いろ風」のようでした。日本にいた頃は、ジャムというと、麵麭などに手軽に塗れるとろりとしたペースト状のものを想い泛《う》かべましたが、ヴァレーニエと呼ばれる露西亜のジャムは、煮られる果実が味と形を留めていて、深い味わいが感じられるのでした。そんな露西亜風ジャム《ヴァレーニエ》と云えば、知り合いのサハリーン出身の朝鮮系露西亜人の女性から自家製の木苺のジャムを一罎戴いたことがありましたが、風邪のときに食べると好いと云われていたのでそうすると、忽ち躰がぽかぽかしてすうっと熱が退いたことでした。そう云えば、露西亜の映像作家であるユーリイ・ノルシテーイン監督のソ連時代の短篇アニメーション映画の名作『霧につつまれた猬《はりねずみ》』の中で主人公の猬が友達の仔熊のところへ持っていく露西亜風ジャムは、原語ではマリーナと呼ばれるこの木苺のジャムでした。また、知り合いの地元の猟人作家フセーヴォロド・シソーエフさんからもやはり風邪に効くといって自家製の西比利亜鳳梨の露西亜風ジヤムを一罎戴いたことがありましたが、そのジャムは、濃い柑子《こうじ》色をしていて如何にもヴィタミンたっぷりといった感じでした。ちなみに、自然が饒《ゆた》かな露西亜極東では、楤木《タラノキ》、朝鮮人参、朝鮮五味子《ゴミシ》、鹿茸《ロクジョウ》などの他《ほか》、酸塊《スグリ》、木苺、苔桃、莢蒾《ガマズミ》、花楸《ナナカマド》といった苺《ベリー》を原料にした浸酒《ナストーイカ》も作られていました。それから、朝鮮人参などと共に強壮剤として広く知られており檸檬に似たその香りから露西亜語でリモーンニクと呼ばれている朝鮮五味子は、ドーナツ状に巻かれた煎じて飲むための乾した蔓や、紅茶といただいたりするという砂糖漬けの果実や果蜜《シロップ》などが、一年中《ぢゅう》市場などで売られていました。なお、苺《ベリー》の効能については、ときどき地元の新聞などで紹介されていました。例えば、こんなふうに。「森の苺《ベリー》は、茸とは違って、重金属や放射性物質を事実上蓄積しないうえ、さまざまな治療効果を発揮します。西洋酸木《スノキ》（ビルベリー）は、とくに心臓病患者に有益で、血栓の形成を予防します。また、視力を高めて目の疲れを取ってもくれます。和蘭陀苺は、ヴィタミンCとカルシウムを多く含んでいます。膀胱炎、腎盂腎炎《じんうじんえん》、その他《ほか》の泌尿性器系の慢性炎症性疾病の際には、蔓苔桃で作る飲み物を服用します。黒酸塊《クロスグリ》は、癌や心臓病の昂進を抑える酸化（老化）防止成分を多く含み、有害なコレステロールの同化を禦《ふせ》ぎ、人体から毒素や重金属を出します。木苺は、解熱作用を具えており、風邪に効きます。」また、よく市場などで乾したものが売られている紅赤《べにあか》の野薔薇の実については、こんな記述がありました。「野薔薇の煎じ汁は、躰に好い作用を及ぼし、病気や外部媒体のさまざまな有害な作用に対する抵抗力を高めます。アテローム性動脈硬化、躰の衰弱、貧血、風邪に効きます。乾燥した実を百瓦《グラム》に一立《リットル》の水を加え、蓋をして五〜七分間沸騰させ、そのまま二〜三時間置けば、出来上がり。一日二〜三回コップ半杯づつ飲みます。」「九月はそろそろ冬場の風邪の予防を始める時期ですが、何も難しいことをする必要はありません。市場で乾燥させた野薔薇の実を買ってきて、細かく砕いてヴィタミン豊富な飲み物を作ります。一立の水に茶匙五杯の野薔薇を入れて十分間煮立て、八時間ほど何かで温かく包《くる》みます。それを毎日コップ一杯飲めば、風邪を禦げます。また、風邪を引いたら、茶匙二杯の乾燥したアムール科木《シナノキ》の花をコップ一杯の湯で煎じて飲むと楽になります。」なお、海の向こうのサハリーンも、苺《ベリー》の宝庫だそうで、その島の西海岸にあるシャフチョールスク（旧 塔路）という炭砿町で少女時代を過ごした妻は、学校への往き復りには、友達と幌向苺《ホロムイイチゴ》（クラウドベリー）や千島苺《チシマイチゴ》（アークティックラズベリー）といった苺《ベリー》を摘んで食べながら森や湖の畔りを闊歩していたそうです。

西比利亜風餃子《ペリメーニ》

露西亜極東では、水餃子を丸っこく小振りにしたような西比利亜《シベリヤ》風餃子すなわちペリメーニがとても好まれているようでした。ソ連時代から、ペリメーニ専門の軽食堂があり、料理店の品書《メニュー》きには、たいていペリメーニがあり、近年は、茹でれば食べられる冷凍の状態で何種類ものペリメーニを量《はか》り売りしてくれる専門店も現れました。私も、すっかりペリメーニが好きになり、他《ほか》に火酒《ヴォートカ》が二百瓦《グラム》ほどあれば、何も云うことはないのでした。独り身の頃には、中心街のムラヴィヨーフ＝アムールスキイ通り十五号棟の半地下にあるペリメーニ専門のスタンド・カフェで熱々のペリメーニに自分の好みに合わせて醤油かバターか醗酵クリー《スメターナ》ムを掛けてもらったものを一皿か二皿平らげてから職場へ向かうこともよくありました。或る朝、スラヴ系と想われる妙齢の給仕《きゅうじ》の女性が、定連の私を目にして厨房へ聲を掛けたのでしょうか、東洋系と想われるまだ少年のようにあどけない感じのコックさんが、白衣姿で現れて私に何か語りかけたのですが、首を傾げた私を見て言葉が通じないと想ったのか、直ぐに奥へ引っ込んでしまいました。若《も》しかすると、その給仕の女性は、彼女にとっては異邦人である彼と私がどちらも孤独な同邦人ではなかろうかと想い、気を利かせて引き合わせようとしてくれたのかも知れません。ペリメーニの湯気越しに三人の異邦人が三頭立《トローイカ》ての馬車か馬橇のように温かな沈黙を共有したあのときの和やかな空気は、今も懐かしく想い出されます。それから十数年後、私は、北海道在住の美術家のSさんと宵にその店を訪れる機会に恵まれました。そこは、酒類は置いていませんが、持ち込みは自由なので、入り口を出て直ぐ左上にあるムラヴィヨーフ＝アムールスキイ通り沿いの売店《キオースク》で地元のペット・ボトル入りの麦酒《ビール》を数立《リットル》とポテト・チップスなどの抓《つま》みを買ってきてからペリメーニを註文し、高さが

ペリメーニ屋さんの入り口。二〇一三年八月二十四日。ムラヴィヨーフ＝アムールスキイ通りで。

鳩尾《みぞおち》か胸許くらいまである小さな円卓で細《ささ》やかな宴を張っていると、隣りの円卓にどことなくアパッシュ風な二人組の若者が現れて、Sさんは、アンドレーイ・タルコーフスキイ監督の映画『ストーカー』の一場面のようだと云って、頻《しき》りに感激するのでした。見慣れない異邦人の視線に気附いた彼らは、飲みかけの火酒の罎を提《さ》げて私たちの円卓へ近附き、何も云わずに空《あ》いた紙コップに火酒を注《つ》いでくれました。佇《た》ったまま暫く言葉を交わしてから禁烟《きんえん》のその店の扉の外で思い切り烟草《たばこ》を喫《の》んで四散したとき、闇に包《つつ》まれた街は、あの映画のように雨に霞んでいるのでした。露西亜では、ペリメーニの皮は、日本の餃子の皮のように市販されているわけではないので、専ら家庭で作りますが、我が家でも、妻が、小麦粉をよく捏ねて金太郎飴くらいの太さの棒状にしてから輪切りにしたものを円く延ばして皮を作り、皮の上に小匙でちょこんと載せた具を包《つつ》んでからくるんと丸い形のペリメーニに仕上げてくれたものでした。冬場は、何ヶ月も外気が氷点を上廻ることがないので、大きな盆《ポドノース》が一杯になるまで何十個もペリメーニを作ったら盆ごと露台《バルコーン》へ出し、ペリメーニがかちんかちんに凍ったら馬穴《バケツ》か何かの器へ移す、という作業を何度か繰り返し、そうしておけば、食べたいときに食べたい分だけ冷凍庫代わりの露台に置いたその器から取り出せるのでした。さて、西比利亜風餃子のペリメーニとよく似た料理にヴァレーニキというペリメーニより二廻りほど大きくて平たい半月の形をした烏克蘭《ウクライナ》風餃子がありました。ペリメーニは、稀に魚を使うことはあるもののたいていは牛や豚や羊の肉を具として用いますが、ヴァレーニキは、肉の他《ほか》、茸、馬鈴薯、甘藍《キャベツ》、牛乳豆腐《トヴォローグ／トヴォーログ》、さらには、杏《あんず》、李《すもも》、桜桃《チェリー》などを具にしたものもあり、お八つやデザートにもなるようでした。ペリメーニが、西比利亜風餃子で、ヴァレーニキが、烏克蘭風餃子なら、具琉耳《グルジヤ》で発祥して周辺の地域へ広まっていった水餃子のヒンカーリは、高加索《カフカース》風餃子といったところでしょうか。ハバーロフスクには、ペリメーンナヤというペリメーニ専門の軽食堂があるように、ヒンカーリナヤというヒンカーリ専門の軽食堂もあって、私は、放送局がジェルジーンスキイ通りにあった頃には、昼食によくシェローノフ通りとアムール竝木路《ブリヴァール》の角にあるアムール竝木路三十二号棟の二階にあった立食式でセルフ・サーヴィスのヒンカーリナヤを利用していましたが、ヒンカーリは、具はペリメーニと同じようでも、大きさは一つが柏餅くらいあるので、アルミニウム製の肉叉《フォーク》で刺して四つほどいただくと、お腹一杯になり、店を出ると、その竝木路の木製のベンチの背に凭《もた》れて空を見たり路面電車《トラムヴァーイ》の轍の音を聞いたりしながら烟草を一喫《の》みしてから、とぼとぼと午后の職場へ戻っていったものでした。

Ⅴ 住

部屋

赴任前にアムール河の傍のアパートと聞いていた社宅に身を置く我が身を想像して、『空想の小部屋』という他愛ない落書きのような矩形の詩を書いてみました。

四囲の白い壁
雪雲を映す窓《まど》
一口盃《ストープカ》の火酒《ヴォートカ》
灰皿の吸い殻
沈黙する時間

私の露西亜の「空想の小部屋」は、そっと押せばかたんと転がる角砂糖のような独房でしたが、直角のイメージは、石原吉郎の『ロシヤの頬』というこんな詩の影響かも知れません。

そのかぎ裂けの頬を
ロシヤのように
おれは愛した
いわば直角に
折れまがることで
ロシヤは正しいと
信じたのだ
ロシヤは正しい
ロシヤの痛みは　その
角度において正しい
その痛みにおいて
ロシヤの角度をたもつもの
しかしさようなら
おれは痛みを
外へ去る　ロシヤの
痛みが直角であるように

おれの痛みも
また直角なのだ

或る時期、週に一度、仕事の後《あと》に通っていたヂヤチェーンコ小路七a《アー》号棟の文学者会館《ドーム・リチェラートロフ》での詩の夕べで、この詩の拙《つたな》い露西亜語の試譯をたどたどしく聲にすると、演壇に近いおんぼろの席に坐っていた眼鏡を掛けた髭面で痩せぎすの若い大学教師が、「痛みを外へ去る」のか、とぽつんと露西亜語で呟いて、頻りに首肯《うなず》いていたことが、ふと懐かしく想い出されます。

寄宿

一九八九年の晩秋に着任して最初に寝起きしたところは、中心街のカール・マルクス通り三十三号棟のソ連共産党ハバーロフスク高等党学校に併設された寮でした。後《のち》に極東国家公務アカデミーという地元で人気の高い大学の一つが置かれたその学校の建て物は、ルネサンス宮廷建築風の正面部分《ファサード》を具えた石造りの六階建てで、最上階の窓《まど》と窓の間《あいだ》の外壁には、書物を披《ひら》いた形の浮き彫り《レリーフ》装飾が施されており、知り合いの地元の詩人が指し示して教えてく

旧高等党学校と路面電車。二〇〇四年一月七日。主の降誕祭〔ロジヂェストヴォー〕の晩に。

れるまで気附きませんでしたが、全部で僅か三十一冊のそれらの本の左の頁には、「レーニン（Ленин）」、右の頁には、「スターリン（Сталин）」というキリ《キリ》ール文字《ーリツア》が刻まれているのでした。ちなみに、この建て物は、一九四〇年代末から一九五〇年代初めにかけて日本人捕虜によって建てられたと云われますが、西比利亜《シベリヤ》抑留体験を有するＨ氏賞詩人の石原吉郎の評論集『一期一会の海』に収められた回想を読むと、私には、この詩人が抑留中に真っ赤な端布《はぎれ》で表紙を作って綴じたかなり分厚い手帖を塗り込めたのは建築中のこの建て物の壁ではなかったか、と想われてくるのでした。さて、社宅へ移るまで仮りに住まわせてもらったその寮の二階の廊下の突き當たりの左側の二間続きの部屋は、とても静かで煖かく、係りの小母さんがいつも叮嚀に掃除をしてくれるので清潔で、シェローノフ通り側の西向きの窓の直ぐ下の緩やかな坂を上り下りする路面電車《トラムヴァーイ》の車輪の音と火花を散らす集電装置《パンタグラフ》に、とてもシュールな印象を覚えました。

社宅

一週間ほどを過ごした高等党学校の寮から移り住んだ社宅は、フルーンゼ通りの比較的に新しい九階建てのブレージネフカ（ブレージネフ時代に建てられた集合住宅）の二階にあり、居間、寝室《スパーリニャ》、台所兼食事室《クーフニャ・ストローヴァヤ》、浴室、雪隠、物置き、外套掛け、露台《バルコーン》を備えた、独り身には広過ぎて勿体ないような二ＤＫの住居でした。三つある窓《まど》はどれも南向きでしたが、建て物の右翼が鉤形《かぎ》に南へ折れ曲がっているため、室内は、正午を廻ると谿間のように仄暗くなっていきました。居間には、戸棚、書棚、書き物机、卓上電灯、日本製のテレヴィ、ダイヤル式の固定電話、背凭《せもた》れを倒せば寝台になるクッションが硬めのソファー、寝室には、洋服簞笥、ダブル・ベッド、三面鏡附きの化粧台、台所兼食事室には、食器棚、流し台、ソ連製の冷蔵庫、天火《オーヴン》附きの瓦斯焜爐《ガスこんろ》、ぱたんと展《ひら》けば広さが二倍になる二つ折りの四角い卓子《テーブル》があり、テレヴィと冷蔵庫は、前任者から譲っていただいたもので、その他《ほか》の調度は、放送局から藉り受けたものでした。社宅からジェルジーンスキイ通りの局舎までは、鉄道駅を起点として市街地を循環する一番路線のソ連製のバスを使うこともできましたが、歩いても二十分ほどなので、たいていは徒歩で通っていました。バスで行くときには、職場とは逆の方向へカリーニン通りの坂を少し上り、レーニン通りの停留所『協同組合専門学校《コオペラチーヴヌイ・チェーフニクム》』で乗り、アムール河の手前で右折して坂を下り、ウスーリ並木路《ブリヴァール》の停留所『河の駅《レチノーイ・ヴォグザール》』を過ぎて坂を上り、中心街のムラヴィヨーフ＝アムールスキイ通りを右折し、停留所『ドラマ劇場《チアートル・ドラームィ》』で降り、ジェルジーンスキイ通りの坂をアムール並木路のほうへ暫《しばら》く下っていくのでした。なんとなく北斗七星を描くように。帰りは、もう外がすっかり暗くなっていることもあり、ムラヴィヨーフ＝アムールスキイ通りとカリーニン通りの交叉点の傍の停留所まで歩き、闇に溶けそうなほど暗いオレンジ色の灯りが車内に点る八番路線のイカルス（洪牙利《ハンガリー》のイカルス社製の連節バス）に乗り、カリーニン通りの坂を下り、ウスーリ並木路を横切り、カリーニン通りの坂を上り、レーニン通りの停留所『協同組合専門学校』で降り、カリーニン通りの坂を少し下って帰宅するのでした。連節バスと云えば、私は、一九八五年のつくば科学万博のときにスーパー・シャトル・バスとして導入された瑞典《スウェーデン》のヴォルヴォ社製のそれに乗ったことがあるだけでしたが、當時のハバーロフスクには、連節部がバヤーン（露西亜のボタン式のクロマティック・アコーデオン）の蛇腹のような黒っぽい幌で覆われた二車体連節のバスやトロリー・バスが沢山走っていました。徒歩で行くときには、フルーンゼ通りかカリーニン通りの坂を暫く下り、ウスーリ並木路を横切り、いづれかの通りの坂を上り、ムラヴィヨーフ＝アムールスキイ通りを横切り、ジェルジーンスキイ通りの坂をアムール並木路のほうへ暫く下っていくのでした。なんとなく稲妻を描くように。そんなふうに毎日のように坂を上ったり下ったりしていたのですが、或るとき、職場へ向かってとぼとぼとフルーンゼ通りの坂を上っていてふと顔を上げると、日曜日の午前中でまだ人気《ひとけ》のない中心街のムラヴィヨーフ゠アムールスキイ通りの上に広がる青い空に瞶《みつ》められているような気がしました。別に露西亜語の海で溺れかけている哀れな異邦人への無言の聲援《エール》というわけではないのでしょうが、一本の坂道と一片《いっぺん》の青空が湛《たた》えていたあの一掬《すく》いの沈黙は、なぜか今も忘れることができません。若《も》しもハバーロフスクが坂のないのっぺりした町だったなら、果たして自分はあんなに長くそこで暮らせたろうか、そんなことを想うときもあります。九牛《きゅうぎゅう》の一毛《いちもう》かも知れませんが、あれは、地《ち》貌《ぼう》と心象を結ぶ絲のようなものを感じた不思議な一瞬でした。

水道

水道は、台所《クーフニャ》と浴室に通じており、台所には、温水と冷水の活栓《コック》が一つづつと蛇口が一つあり、浴室には、それらの他《ほか》にシャワーの蛇管《ホース》が附いていました。断水は、日本では滅多にありませんが、ハバーロフスクでは、煖房シーズンを避《さ》けて水道管の工事が行われる夏場に給水の止められることがよくありました。尤《もっと》も、温水と冷水が一遍にということはなく、どちらか一方づつでしたけれども。浴槽は、足が楽に伸ばせる細長い鋳鉄製琺瑯《ほうろう》引きのもので、日本の自宅の風呂場ではいつも膝を畳《たた》んで湯に浸かっていた私には、とても贅沢に感じられました。ところが、張った湯は、湯舟の底が見えないほど褐色に濁っていることがあり、そんなときには、雉の砂浴びや猪の泥浴びとまではいかなくともクレンザーを想わせる細かい砂が肌に触れるようなざらついた感じを覚えました。浴槽と鏡附きの洗面台を除いた浴室の部分は、衣を脱いだり洗濯機を置いたりするための混凝土《コンクリート》にペンキを塗っただけの床となっており、日本の浴室の洗い場のように排水口が附いているわけではないため、出しっ放しにしていて湯舟から溢れてしまったりシャワー・カーテンの外へ漏れてしまったりした湯が階下まで達することがあり、そんなときには、「今度やったら、トヨタの車で弁償してもらいますよ。」などと皮肉交じりにその家の主婦に釘を刺されたりするのでした。また、蛇口から水がぽたぽた漏れて止まらなくなったり活栓が利かずに水が出っ放しになったりすることもあり、そんなときには、住宅管理部《ジェーウ》から派遣される職人さんに修理してもらうのでした。水道水は、アムール河を取水源とし、浄水場から供給されていたものの、そのまま飲むには適していないため、いったん沸かしたものを飲んでいましたが、一九九〇年代の後半には、飲料水を量り売りする装置やペット・ボトル入りの飲料水がお目見えし、やがて、浄水の宅配《ドスターフカ》サーヴィスが現れると、我が家でも、週に一度、二十立《リットル》入りの円筒形で半透明のプラスチック容器に入った飲料水を届けてもらうようになりました。その後、アムール河の対岸のトゥングースカという場所で発見された極めて豊富な良質の地下水を独逸の技術を用いて町へ引いてくるプロジェクトが立ち上げられ、そのうちにハバーロフスクでも蛇口からそのまま水が飲めるようになるかも知れないという話を耳にするようになりました。さて、嘗《かつ》ては、街中《まちなか》にも窗《まど》や扉などに露西亜風の彫刻装飾が施された木造の独立家屋や共同住宅があり、その傍らにはたいていコローンカと呼ばれる共用の給水喞筒《ポムプ》があって、腕のような金属性の把《レ》っ手《ヴァー》を上げ下げして馬穴《バケツ》に水を汲んでいる人の姿をよく見掛け、私も、職場の水道が使えないときには、共用の薬罐形のソ連製電気湯沸かし器を挈《ひっさ》げて、近くのコローンカまで紅茶を淹れるための水を汲んできたものでした。夏には半裸の少年たちが蜜蜂のように群がり、冬には周りに撥ね溢《こぼ》れる水が凍って氷山の小型模型《ミニアチューラ》のように見える、あのコローンカは、今では懐かしいハバーロフスクの映像詩の一つでした。

警報

フルーンゼ通りの社宅には、泥坊や空き巣を除けるための警報システムが備わっていました。玄関の扉を入って直ぐ右手の壁に警報装置《シグナリザーツィヤ》のスヰッチがあり、そこを起点に繊《ほそ》い銅線のようなものが屋内に張り繞《めぐ》らされ、スヰッチを入れた状態で何者かが窗《まど》や扉を開けて侵入すると、直ちに装置が作動して警察署へ信号が届くようになっていましたが、幸い、その手の厄災に見舞われたことはありませんでした。ただ、家を出るたびにスヰッチを入れて家へ入るたびにスヰッチを切るという手間は、慣れていないせいもあって洵《まこと》に煩わしく、とりわけ千鳥足で帰宅したときなどには、うっかり解除するのを忘れてしまうのでした。異変を察した警官がこちらへパトロール・カー《ミガールカ》で急行しているとは露知らず、汚れた衣をだらしなく脱ぎ散らかしていると、階段を猛然と駈け上がる跫音がして玄関の呼び鈴が消魂《けたたま》しく鳴り、「どなたですか《クトー・ターム》。」と訊ねると、「警察《ミリーツィヤ》。」という低く曇《くぐも》った聲が返ってきます。「またやっちゃった。」と想ったときには、後の祭り。怖《お》ず怖ずと錠を解いて扉を開けると、耳覆い附きの冬の制帽を目深に冠《かぶ》り煖かそうな厚手の制服外套《シニェーリ》を纏《まと》った警官が、よく肥えた白熊ならぬ青熊のように佇《た》っており、敷き居を跨いで忽ち事情を呑み込むと、「またか。」というような呆れた顔附きで、大した調書も取らずに、吹雪のように階段や踊り場を転《まろ》び下りていくのでした。

電球

家庭用の電圧は、日本では百ヴォルトですが、ハバーロフスクでは二百二十ヴォルトでした。一般に使われている洋梨形の白熱灯は、慥《たし》か十五ワットのものから二百ワットのものまであり、我が家では、専ら六十ワットのものを使っていましたが、ちょくちょく切れるので、沢山買い置きをしていました。今では「苦難の九十年代《リヒーエ・ヂェヴャノーストィエ》」と呼ばれている一九九〇年代には、私の住んでいたエレヴェーターのない五階建てのフルシチョーフカ（フルシチョーフ時代に建てられた集合住宅）では、各階に裸のまま一つづつ附いているはずの電球がいつの間にか竊《ぬす》み取られていることがあり、面倒見のよい階下のユーラ爺《ぢい》さんが、ときどき各家から一球づつ鳩《あつ》める予備の電球でその穴を填《ふさ》いでいました。公共の施設や企業のオフィスなどでは棒状の蛍光灯が使われていましたが、或る晩、レーニン通りの放送センターで停電が発生したときには、なぜかそこだけは蛍光灯が点っていた無人の廊下へ重たい木の机と椅子を搬び出して、図らずも隣りの朝鮮課のヴェテラン翻譯官の方と机を竝べて夜のニュースの翻譯に勤しむことになりました。停電は、職場では滅多にありませんでしたが、家庭ではすっかり慣れっことといった感じで、しかも、計画的ではなく突発的なものなので、我が家では、長持ちしそうな太い蠟燭と、燭台の代わりにする逆円錐台形のキャヴィアの硝子の空罎を、つねに台所《クーフニャ》の吊り戸棚の隅へ燐寸《マッチ》と共に忍ばせておきました。停電は、長時間に及ぶことは稀で、また、温水循環式の煖房システムに支障を来すこともありませんでしたが、大晦日の深夜に停電が起きたときには、遉《さすが》に「なにもこんなときに。」と想われたことでした。夏には、ときどき落雷のために停電することがあり、そんなときには、稲妻の閃光に照り映える雨に濡れた街路樹の楡《ニレ》や楊《トーポリ》の馥《かお》りがいっそう深まるように感じられるのでした。

蟲柱《むしばしら》

ハバーロフスクの夏は、短いもののかなり暑く、一九九〇年に初めて過ごしたその夏は、社宅に真面《まとも》な網戸がなく、蚊に挵《せせ》られっ放しでした。窓《まど》に篏《は》められる木枠附きの金網はあっても、余りにも目が麤《あら》いため、虻《あぶ》や蠅なら兎も角蚊や蚋《ぶゆ》を除《よ》けることは到底できないのでした。この町の夏の夜は、白夜ではないものの暗くなったかと想うと直ぐに空が白み始め、束の間の睡眠をせめて深さで補おうとレーニン通りの協同組合の日用雑貨店で購《もと》めた窗帷《カーテン》代わりの伯林青《ベルリン・ブルー》の厚手の布も、外光をすっかり遮断してはくれず、私は、蚊と短夜《みじかよ》と溽暑《じょくしょ》に身を晒したまま、半醒半睡のような状態で朝を迎え、敗色濃厚のボクサーよろしくふらふらと起き上がるのでしたが、あれでよく仕事が続けられたものだ、と今更ながら想います。余談ながら、光りを遮るものと云えば、何年も後《あと》にホテル『イントゥリースト』の一階の売店《キオースク》でたまたま見附けた露西亜の布製のアイ・マスクは、全く光りを透さず、肌触りも心地よく、帰国後の今も愛用しています。さて、上述のような訣で、翌春の一時帰国の際には、蚊取り線香の類いと蚊除けにする網を忘れずに買ってきて、網は、それを費《つか》いきってしまうと、やがて中央食料市場の露店でも売られるようになった中国製のものを購めて張り替えるようになりました。ちなみに、網がお目見えする前は、マールリャと呼ばれる白い寒冷紗《かんれいしゃ》が、よく蟲除けに使われていて、玄関や露台《バルコーン》の戸口でお化けのように風と戯れていたものでした。なお、日本で大蚊《ががんぼ》とか蚊蜻蛉《かとんぼ》と呼ばれる肢が長くて人を螫《さ》すことのない蚊は、露西亜では字義通り「肢の長い蚊《コマール・ドルゴノーシカ》」と呼ばれる他《ほか》に「バレリーナ」とも俗に称され、その心憎い命名のセンスに甚《いた》く感心したものでした。それから、社宅は、芥《ごみ》を分別せずにそのままダスト・シュート《ムソロプロヴォード》へ抛り込むタイプのブレージネフカ（ブレージネフ時代に建てられた集合住宅）だったせいか、何処からともなく蠅が容赦なく入ってきました。その数は半端ではなく、余りにも五月蠅《うるさ》いので、とうとう納戸にあったエア・ゾールの防蟲剤に手を伸ばし、こちらが昏倒しそうなほど大量に噴霧してから台所《クーフニャ》や寝室《スパーリニャ》の扉をぴったり鎖《とざ》し、暫くその辺をぶら附いてから帰宅してそれらの扉を開けると、恰《まる》で干し葡萄が床一面に散り敷いたようになっているのでした。それと、蜹は、多い年もあれば少ない年もあり、咬まれる人もいれば咬まれない人もいましたが、蟲柱《むしばしら》となって、停留所でバスやトラムを待つ人たちに襲い掛かっていました。そして、そんな蟲たちの撃退法が、ときどき地元の新聞でこんなふうに紹介されているのでした。「植物油にシャムプーと酢か酢酸を少し混ぜて皮膚に塗れば、森に多く一番手強い糠蚊《ぬかか》も大苦戦。」「蜂蠟《プロポリス》の匂いは蚊や蜹を遠ざけ、螫《さ》された傷を迅《はや》く治すにはその溶液を塗り、患部が痒いときには醱酵クリーム《スメターナ》の湿布をする。」「食料品店で売られているヴァニラ・パウダーをコップ半分の水に溶いて肌に塗ると効果絶大。」そう云えば、露西亜人の音楽編輯員の女性も、二の腕や脰《うなじ》に蝻除けのヴァニラの液を塗っていて、赤ん坊のような甘やかな馥りを放っていることがありました。

用紙

手紙は、日本語では言葉の紙、中国語では雪隠《せっちん》の紙。中国課の人たちと、そんな他愛ないお喋りに花を咲かせたことも、懐かしい想い出です。今の日本では、オイル・ショックによるトイレット・ペーパー騒動も昔話となり、シャワー式の温水洗浄便座が一般的となっていますが、一九八〇年代末から一九九〇年代初めにかけてのソ連では、後者の「手紙」の有り難さを痛感させられました。指輪や宝石がなくても別に困りませんが、「手紙」がなくてはどうしようもありません。當時のハバーロフスクでは、「手紙」がいつでも自由に手に入るわけでは全くなく、街角でゲリラ的に大きな段ボール箱に入った国産の巻き「手紙」がばら売りされ始めるや、忽《たちま》ち金魚の糞《ふん》のように長い行列《オーチエレヂ》ができるのでした。なるべくみんなに行き渡るように一人何巻までという制限があるのが普通で、売り子さんは、数巻の「手紙」の芯に紙の紐を通して数珠《じゅず》系《つな》ぎにし、紐の両端を結わいてハワイアンのレイのように差し出してくれるでした。或る黄昏《たそがれ》どき、そんな「手紙」を肩から斜め懸けにしてとぼとぼと家路を辿っていると、路傍に屯《たむろ》する若者たちが、こちらを向いてにやにやしていましたが、それは、嘲笑や憫笑《びんしょう》というよりも自嘲に近い笑いであり、自分たちと似たり寄ったりの条件で生活している異邦人への共感に溢れた温かい笑いであり、笑われている私のほうも、これぢゃ恰《まる》で歩く露西亜アヴァンギャルドぢゃないかと自分が自分で可笑しくなるのでした。さて、或る日、フルーンゼ通りのいつもの食堂《ストローヴァヤ》で昼食を済ませて職場へ戻ろうとすると、中央百《ツー》貨《ム》店の脇のジェルジーンスキイ通りの舗道で「手紙」が売られ始めたので、仕事は二の次にして行列に竝び、幸いそのときは数に制限がなかったので、日本の茶箱ほどある大きな段ボールごと買い、両腕で抱えるようにしてなんとか職場へ搬び込んだ御蔭で、暫くは「手紙」の問題から解放されて心置きなく翻譯に専念することができました。ちなみに、トイレと云えば、當時のハバーロフスクでは、日本のようにあちこちに公衆トイレがあるわけではありませんでしたが、空港や鉄道駅や中央食料市場といった公共の施設にはもちろんトイレがありました。低徊《ていかい》の途中にときどき利用していた鉄道駅の駅舎の階段の踊り場のようなところにあった明るくて広々としたトイレは、有料で、日本の銭湯の番台より少し低い正面の窓《まど》口に女性が坐り、女性の前の平台には折り畳《たた》まれた「手紙」が竝んでいました。向かって左が「M」と記された紳士用、右が「Ж」と記された淑女用でしたが、或るとき、「番台」の女性に料金を払って左へ向かうと、「そっちは紳士用、こっちこっち。」と淑女用の雪隠へ促され、すっかり狼狽《うろた》えてしまいましたが、今から想えば、露西亜の男性には珍しいお河童の私が女性に見られても、無理はなかったかも知れません。

包装

包《つつ》むものと云えば、今は、売店《キオースク》などを除いて、有料か無料かは兎も角、何処の商店でもポリエチレンの袋が備えられていますが、昔は、専ら紙が使われていました。ピロシキーを一つ買えば、前以って一筆箋ほどに切ってある藁半紙に挟んで渡してくれて、LPレコードを買えば、セロファン・テープも紙綴器《かみつづき》謂《い》わゆるホッチキスも使わずに一枚の小麦色の更紙で器用に包んでくれるのでしたが、そうした包装には、今のように何でも袋にぽんぽん抛り込むのとは違った趣きがあり、そこからは、紙の擦《こす》れる音と共に売り子さんの息遣いや心模様まで伝わってくるような気がするのでした。そう云えば、品物を購《もと》める売り台と代金を支払うレジ《カーッサ》が別々だったソ連時代には、売り子さんが串団子のような珠《たま》を辷《すべ》らせて十露盤《シチョートイ》で弾き出した金額が記された紙片を持ってレジに並び、レジで打ち出してもらったレシート《チェーク》を売り台へ持っていって漸《ようや》く品物を受け取ることができました。やがて一人の店員さんが売り子さんとレジ係りを兼任し、さらに電子式卓上計算機が普及すると、いつしか十露盤は姿を消していきましたが、緩いアーチを描いた辺りの好くない金属の太い軸を慥《たし》か上下ではなく左右に行きつ戻りつしていた手垢塗《まみ》れの木製の珠は、数字というより庶民の哀歓《あいかん》を運んでいたような気がします。さて、日本には、昔から風呂敷きの文化があり、近年はマイ・バッグやエコ・バッグと称される運動がありますが、ソ連には、エコ・ネットとも呼べるアヴォーシカという魔法の袋がありました。それは、「ひょっとしたら《アヴォーシ》」という語源が示すように、何時《いつ》何処で何が売られるか分からないソ連の庶民がいつもポケットに忍ばせていた買い物用の網袋で、空っぽのときは掌に隠れてしまうほど小さいのですが、品物を詰めると拡がって五瓩《キロ》くらいまでなら何でも運べてしまうのでした。當節は頓《とん》と見掛けなくなりましたが、罎入りの牛乳やマヨネーズ、秤《はかり》売りのハムやソーセージ、土の匂う馬鈴薯や火焔菜《ビート》などでぱんぱんに膨らんだ歪《いび》つなアヴォーシカを提げて家路を辿る人の後ろ姿は、一篇の詩のようでした。余談ながら、ウラジーミル・ナボコフの『ロシア美人』（北山克彦譯、新潮社）所収の「もたらされた報せ」という短篇で「買い物でいっぱいの網のバッグをもったエヴゲーニヤ・イサーコヴナ」という一文に出遇ったときには、アヴォーシカは、亡命露西亜人と共に国境を踰《こ》えてこの小説の舞台である伯林《ベルリン》へも齎《もたら》されたのかも知れない、と想ったことでした。

さびしい空の月に向つて遠白く吠えるふしあはせの犬のかげだ。

犬と云えば、萩原朔太郎の処女詩集『月に吠える』に収められている「見しらぬ犬」という作品のそんな一行が想い出され、月に吠えるのは、てっきり犬や狼やコヨーテといったイヌ属の四つ足の動物に限られると想っていましたが、露西亜へ移り住んだばかりの頃には、二本足の自分もときどき社宅の露台《バルコーン》から玉兎《ぎょくと》に向かって吠えていることがありました。それも、「馬鹿野郎」などという品のない日本語で。ご近所は、そうとう迷惑だったかも知れませんが、日本語が解らないので「変な異邦人が、何かほざいている、お気の毒に。」くらいに鷹揚に聞き流してくれていたかも知れません。それに、街路が広くて造りがゆったりした町のせいか、曠野を汪洋と流れる大河の畔りの町のせいか、幾ら吠えたところで聲は忽ち夜《よ》穹《ぞら》へ吸い込まれてしまうようでした。なぜあんなふうに月に吠えていたのかは、自分でもよく分からないのですが、冬の空に懸かる月は、空っぽの私の心を映す鏡のようであり、愁訴《しゅうそ》にも似た吠え聲は、沈黙の谺《こだま》となって返ってくるばかりでした。今から想えば、あれは、他《ほか》ならぬ自分に向かって「馬鹿野郎」と闞《ほ》えていたのに違いありません。さて、社宅から一番近い『協同組合専門学校《コオペラチーヴヌイ・チェーフニクム》』というバス停の傍の日溜まりには、マンホールが幾つかあって、凍て附く冬の日には、円い縁から湯気が旺《さか》んに洩れ出ているそれらのマンホールの蓋の上で野良犬たちが煖を採るように身を丸めて寝そべっていましたが、その中には、ときどき道端の粉雪に全身を頻りに擦り附ける犬もおり、私は、友川かずきの『破れ犬 報復の青き前途』という詩集の題名を想い出して、履き古して毛玉のできた沓下《くつした》みたいな薄汚いその犬に「破れ犬」という諢名をつけました。それから、飼い犬の想い出と云えば、犬を連れた人と擦《す》れ違うときに用心して少し脇へ避《よ》けようとすると、飼い主から「ご心配なく、家《うち》のは咬みませんから。」と心外そうな顔でよく云われたものでしたが、或るとき、綱を解かれて飼い主と竝んで歩いていた仔犬に下ろしたてのスラックスの裾を咬み破られてしまいました。けれども、飼い主は、困ったふうに両手を左右に展げて見せるばかりなので、私は、半べそを搔いて立ち去る他《ほか》ありませんでした。ハバーロフスクでは、集合住宅で愛玩動物《ペット》を飼うことにさほど煩《うるさ》くないせいか、日本と比べて愛玩動物を飼う家庭が多いようで、犬と猫を一緒に飼っているところも珍しくありませんでした。そう云えば、或る日本人駐在員のご夫妻は、住《クヴァル》戸《チーラ》へ迷い込んできた仔猫を引き取られ、ハバローと名附けて帰国の際に日本へ連れて行かれたことでした。さて、或るとき、露西亜極東における構成主義建築の代表作と云われるムラヴィヨーフ＝アムールスキイ通り二十五号棟の共生型集合住宅《ドーム・コムーナ》に住んでいる知り合いの詩人の家で「この犬は、雄それとも雌。」と訊ねると、彼女が顔を赧らめて非道《ひど》く悲しそうな顔をしたので、狼狽《うろた》えてしまったことがありました。飼い犬は歴乎《れっき》とした家族の一員なので

「男の子、それとも、女の子。」と訊くのがエチケットであると知ったのは、ずっと後のことでした。ちなみに、その共生型集合住宅は、目貫き通りに面した正面部分《ファサード》の形が巨大なバヤーン（露西亜のボタン式のクロマティック・アコーデオン）の蛇腹を想わせ、住居の他《ほか》に、中庭から入れる食堂《ストローヴァヤ》、隅切りに入り口のある『雪片《スニエジーンカ》』という落ち着いた雰囲気のカフェ、その店の左脇の階段を上った奥に入り口のある『ドラマ劇場』などを備えており、二〇〇八年の初秋には、その劇場で市村萬次郎一座による歌舞伎公演が催されて『藤娘』が上演されました。さて、「北のパルミュラ」と讃えられるネヴァー河畔の町である聖彼得堡《サンクト・ペチェルブールグ》のエルミタージュ美術館では、収蔵品を鼠から護るために昔から猫が沢山飼われているそうですが、ハバーロフスクの放送センターでも、四半世紀ほど前に同じようなことが行われていました。私が入局して一年ほどすると、職場は、私にとってだんだん居心地が好くなってきたジェルジーンスキイ通り五十四号棟から、新築のレーニン通り四号棟の十階建ての放送センターの五階へ移りましたが、竣工まで二十年を要したというその放送センターは、いつの間にか鼠の巣窟と化しており、開館して暫くは鼠を捕らせるために猫が何匹も放され、そんな猫に愛《まな》娘《むすめ》を咬まれた父親が逆上してその場で猫の首を拈《ひね》るという惨事まで起こってしまいました。猫と云えば、露西亜では、シャルル・ペローの童話『長沓《ながぐつ》を履いた猫』が、『赤頭巾ちゃん』などと共にソ連時代から子供たちに親しまれており、書店には、その絵本が常に並び、テレヴィでは、そのアニメーションがときどき放映され、露西亜国民楽派の五人組の一人であるツェーザリ・キュイーは、それを原作とする子供向けの歌劇を一九一二年に作曲しています。一九九六年には、西比利亜《サイベリアン》、暹羅《シャム》、波斯白《ペルシヤ・ホワイト》、欧羅巴虎《ヨーロピアン・タビー》、露西亜青《ロシアン・ブルー》の五種類の猫の切手が発行され、中央郵便局で何組も買ってきては、日本の聴取者への返信によく用いていました。

硝子

或る年の瀬の大掃除のとき、義母の遺品である日本製のレコードが、戸棚の隅から出てきました。いしだあゆみの『白いしあわせ』、山本リンダの『行きずりの二人』、加藤登紀子の『美しき五月のパリ』。雑巾掛けの手を息《やす》めて、職場の同僚に修理してもらったばかりのソ連製のプレーヤーで義母が好きだった越路吹雪の『サン・トワ・マミー』を居間で聴いていると、台所《クーフニャ》でシムバルを鳴らしたような音がしました。妻が二重窓の硝子を磨こうと内側の両展きの窓を手前に展いた途端、右の窓の一角を占める四角い換気用の小窓《フォールトチカ》を開けて内側と外側の窓の桟に跨がるように載せておいた琺瑯《ほうろう》引きの漬け物の容器が落ち、内側の右の窓の硝子が大破したのでした。若《も》しかすると、それは、吹雪の歌聲を耳にした妻がふと亡き母を想い出した刹那だったかも知れません。それでも、内と外の二枚とも割れていたら、寒くて遣り切れなかったでしょうが、幸い、割れたのは一枚、それも内側だったので、助かりました。露西亜では、二〇〇五年より元日から五日までが正月休みとなり、七日の主の降誕祭《ロジェストヴォー》や振り替え休日を含めると十日ほど休みが続くので、替えの硝子は連休明けに買うことにして、食品用のラップ・フィルムを張って急場を凌ぎました。ですから、尽日《じんじつ》の月が水母《くらげ》のように歪つに見えたのも、火酒《ヴォートカ》や葡萄酒や三鞭酒《シャムパン》の飲み過ぎのせいばかりではないのでした。さて、明くる元日、まさかとは想いつつ、ガイダール通り十二号棟の「萬　屋《トィーシャチャ・メロチェーイ》」というソ連時代からある日用雑貨店の竝びの「硝子切り《レースカ・スチェクラー》」という手書きの看板の懸かった退役の錆びた貨車を想わせる赤茶けた店を訪ねると、なんと開いており、宿酔《ふつかよい》でとろんと眠そうな顔をした親方と若者に件《くだん》の窗の寸法を告げると、やおら硝子板にT定規を當ててカッターを辷《すべ》らせ、瞬く間に縦長の硝子の氷片を切り出してくれました。それは、横抱きにすると腋の下にぎりぎり収まったので、私は、体側に沿って真っ直ぐに下ろした左手の二枚褶《がさ》ねのミトンの手套《てぶくろ》で下の縁を確《しっか》り摑み、人鳥《ペンギン》のように背筋と首筋をぴんと伸ばし、雪や氷に足を取られて転ばないように緩い歩を運び、左右をよく見てカール・マルクス通りを渡り、足許《あしもと》を慥《たし》かめつつヂナーモ公園を斜《はす》に横切り、プーシキン通りの我が家までその硝子を虎の子のように運んできたことでした。台所《クーフニャ》の窗枠は、古い木製でやや傾いでいるせいか、上と下そして左と右で寸法が若干異なりましたが、紫烟や油烟にまだ塗《まみ》れていない透明な硝子を充《あ》てがうと見事に篏《はま》り、外してあった細い角材を窗枠の四辺へ小さな釘で打ち附けて硝子を固定すると、漸《や》っと正月を迎えた気分になるのでした。

時計

ソ連へ渡ってほどなく、ハバーロフスクの中心街であるカール・マルクス通りを歩いていると、腕時計を交換して欲しいという藪睨みの若者とときどき出喰わすようになり、そのたびに断っていたのですが、或る日、ついに根負けして、自分の太陽電池式の腕時計を相手のソ連版ディズニーのような絵柄の螺子《ねじ》式の腕時計と取り換えてしまい、後悔したことがありました。自分の時計は、安い物でしたが、羅馬数字の文字盤が慕わしく、何よりも正確でしたから。それと、置き時計は、着任して直ぐに中央百貨店《ツーム》で玩具のようなソ連製の電池式のクオーツの目覚まし時計を買い、暫く枕辺で使った後《のち》に台所《クーフニャ》の窗敷き居《ポドコーンニク》に放って置いたのですが、一度くらいしか電池を替えたことがないのに、二十年余り狂うことなく時を刻み続けるので、なんだか生きているみたいだね、と妻と話していました。その時計の素晴らしさには舌を巻きましたが、一般にソ連の製品は粗悪で質が低いと云われ、こんな一口咄《アネクドート》しもありました。「英雄的な偉業を成し遂げた宇宙飛行士に勲章が贈られましたが、勲章の留め針《ピン》は背広の胸に刺さりませんでした。」ロケットは打ち上げられても生地の柔らかな背広一つ縫えない祖国を、揶揄しています。それと、時計と云えば、こんなこともありました。或る日、目の不自由な日本の女性の聴取者の方から放送局宛てに「露西亜語の音聲時計が欲しいのですが。」というお便りが舞い込んできたとき、私は、そんな時計があることすら知らなかったのですが、全露西亜視覚障礙《しょうがい》者協会の地元支部に問い合わせたところ、幸い、数週間で取り寄せてもらうことができ、一時帰国の際にその方へ郵便で送り届けることができました。余談ですが、その支部は、レーニン通り四号棟の放送センターの最寄りのバス停から目睫《もくしょう》の間にありましたが、或るとき、私は、以前からときどき見掛けていた白杖《はくじょう》の男性とその近くの横断歩道《ゼーブラ》の手前でたまたま横竝びになりました。信号が赤から青に変わったので、想い切って「一緒に渡りましょう《パイヂョームチェ・ヴメースチェ》。」とその人の耳許で囁いてから、腕を組んで言葉を交わすともなく交わしながらゆっくり歩いていると、「貴方《あなた》は、ラヂオの方ですね。私は、いつも貴方の聲を聴いていますよ。」と露西亜語で云われたので、喫驚《びっくり》仰天して蹴躓《けつまず》きそうになり、目を円くしてその人の顔を覗き込んでしまいました。慥かに、私たちの外国向け放送局の番組は、日本でばかりでなくハバーロフスクでもラヂオでの受信が可能で、私は、寓居で毎晩のように聴いていたのですが、まさか地元の露西亜人が日本語の放送を聴いているとは夢にも想っていなかったので、目に見えない無色透明の電波の絲で系《つな》がるラヂオというメディアの不思議を、改めて感じたことでした。

除雪

ハバーロフスクの冬は、すっかり雪に鎖《とざ》されるものと想っていましたが、拍子抜けするほど雪は少なく、雪というより「氷の世界」でした。つるつるの車道や歩道には、辷《すべ》り止めの砂なども撒かれていましたが、プーシキン通りの我が家の窗《まど》からは、てかてかに磨り減った夏用のタイヤを空廻りさせて坂道を上り倦《あぐ》ねている車や、派手に転んで巨体を強《したた》か地面に打ち附ける人の姿が、ときおり見られました。歩道の雪は、市の住宅管理部《ジェーウ》から派遣される作業員が、アンティークなオレンジ色の街灯が消え残る早朝の闇《くら》いうちから、木製の長い柄《え》の附いた金属製の先の尖った棒を上下に動かして凍った雪をこんこんと砕き、竹箒で歩道を叮嚀に掃き清めてくれるので、周辺の住人は、自分で雪掻きや雪掃《ゆきはら》いをする必要はなく、私は、海の向こうの日本の豪雪地帯の雪下ろしのニュースを短波ラヂオで耳にするたびに、なんだか申し訣ないような気がするのでした。作業員は、ときどき替わり、私が帰国する年の冬は、中央亜細亜出身と想われるマトリョーシカのようにふっくらとした小母さんが、二人の息子さんと交代しながら除雪をしてくれていましたが、箒の丈を一杯に使って雪の粉や氷の粒を悠々と左右へ掃き払っていくその姿は、長い柄の附いた大鎌《コサー》で草を薙ぎ倒していく陽気で逞しい集団農場《コルホーズ》の女丈夫《じょじょうふ》を連想させました。たまに纏《まと》まった雪が降るときには、何処からともなく除雪車が出動します。車道の雪は、ブルドーザーのような車輛によって路肩へ押し退《の》けられ、蟹の螯《はさみ》のように交互にゆっくり動く二本の「腕」をもつ車輌によって掻き集められ、「腕」と直結する「嚥《のど》」のような細長い調帯運搬装置《ベルト・コンヴェア》によって後方へ運び上げられ、亀のようにのろのろと後ろを蹤《つ》いてくるダムプ・トラックの荷台へ吐《は》き下ろされるのでした。広場の雪は、徐々に半径を縮めながら鸚鵡螺化石《アンモナイト》のように周回する除雪車によって円の中心へ寄せ集められ、ダムプ・トラックの荷台へ積み上げられ、何処かしらへ搬び去られていくのでしたが、ときには、置き去られた雪の山が天から贈られた遊具と化し、赤い頬っぺの子供たちが白い鯨のようなその山へ攀じ登っては辷り降りる光景も、見られました。大きな風船をぺちゃんこにして麦酒《ビール》の栓抜きを想わせる孔の空いた握り《ハンドル》を附けたようなレヂヤーンカと呼ばれる色取り取りのビニール製の辷り板を、お尻に敷いて。

雪のお山。二〇〇九年二月二日。放送センター前の栄光広場で。

電話

私がソ連へ移り住んだ一九八〇年代末には、ハバーロフスクでは、電話のない家庭が少なくなく、中央郵便局の半地下の電信電話局は、いつも順番待ちの人で溢れていましたが、幸い、放送局の社宅には、電話がありました。一昔前の日本の黒電話のような重みや風格はなく、玩具みたいに軽くて花車《きゃしゃ》な赤い電話でしたが、ちゃんと系《つな》がるのでとても重宝していました。日本へ電話を架けるときには、「07」を廻して呼び出した交換手の女性にこれこれの番号へ系《つな》いでくださいとお願いし、霧の向こうから聞こえるような曇《くぐも》った聲で「お待ちに《アジダー》なっていてくださ《イチェ》い。」と云われるままに、一旦受話器を置いて呼び鈴を待ち続けるのですが、一時間くらい待つことはざらで、待ち草臥《くたび》れてうっかり眠ってしまうこともありました。それが、やがて、固定電話は、交換手を介さずに直通のダイヤルで外国と系がるようになり、公衆電話も、哥硬貨《コペーイカ》を孔へ落とす旧い方式からプリペイド・カードを使って露西亜語の音聲案内に順《したが》う新しい方式へ変わり、さらに、携帯電話やスマート・フォンがお目見えし、今では、電子メイルで瞬時に国境を跨いで遣り取りできるようになりました。莫斯科《モスクヴァー》のタガーンカ劇場の俳優であり歌う詩人《バールド》であるヴラヂーミル・ヴィソーツキイ（一九三八～八〇）に、そんな「07」時代を懐かしく想い出させるその名も『07《ノーリ・セーミ》』という作品がありました。この歌からは、一本の電話線に込められた焦燥や諧謔や不条理が垣間見えるようですが、泉下の詩人は、當世をどんなふうに眺めているでしょう。

俺にとって今夜はいつもと違う。
夜はたんと詩を書くのに。
俺は電話に獅噛みついて
永遠の０７を廻している。

お嬢さん、こんにちは。名は。トーマ。
七十二番。俺は待つ、息を潜めて。
そんな、もう一度、家に居るから。
ああ、漸《や》っと出た。こんにちは、俺だよ。

今夜は俺にとっていつもと違う。
眠らずに叫ぶ、迅《はや》くして。
どうして、クレジットで、利用券で、
愛する人たちが呼び出されるのか。

お嬢さん。聞いてください。七十二番。
待てないよ、時計の針が動かない。
線など屎喰《くそくら》え、明日《あす》、飛び立つんだ。
ああ、漸《や》っと出た。こんにちは、俺だよ。

電話は俺にとっての聖像画《イコーナ》、
電話帳は三つ折りの聖像画《イコーナ》、
電話交換手は聖母となった、
瞬く間に径庭を縮めて。

愛しいお嬢さん。どうか、延ばしておくれ。
貴女《あなた》は天使、至聖所《アルターリ》から去らないで。
一番肝腎なことは、先なんだから、
ああ、漸《や》っと出た、こんにちは、俺だよ。

またも線が破断かい。
継電器と孔が故障かい。

それでも待つよ、俺は
毎晩、零から始めるよ。

07、こんにちは。また俺だよ。ご用は。
いや。もういいよ。必要なのはマガダーン市。
もう電話しないと約束するよ。
ただ哀れな友の容子が知りたくて。

今夜は俺にとっていつもと違う。
俺の凡ての夜は眠りのためにあるんぢゃない。
けれども、眠り込んで、聖母を夢に見る、
それは誰かに似ている。

愛しいお嬢さん。また俺だよ。トーマ。
待てないよ、時計の針が動かない。
そう、俺を。もちろん、俺。そう、俺。もちろん、家に居るよ。
呼び出します。出てください。こんにちは、俺だよ。

音楽

一九九〇年の早春、列寧格勒《レニングラード》（現聖彼得堡《サンクト・ペチェルブールグ》）フィルハーモニー交響楽団が、日本公演へ向かう途中でハバーロフスクに逗留して演奏会を行ったことがありました。何ヶ月も翻譯漬けで音楽会のような娑婆の空気に飢《かつ》えていた私は、是が非でも聴きに行きたいので、その日は頑張って仕事を早々に片附け、日脚が伸びてまだ暮れない埃っぽい目貫き通りを奔《はし》るトロリー・バスへ飛び乗り、アムール河畔に佇むシェフチェーンコ（旧岸辺《ベレゴヴァーヤ》）通り七号棟のハバーロフスク地方フィルハーモニー・コンサート・ホールへ急ぎ、なんとか辷《すべ》り込んで開演に間に合うと、舞台に向かって右手中程のやや硬い座席に独り身を沈めました。それは、私がソ連へ移住してから初めて聴きに行った音楽会で、指揮者は、巨匠エヴゲーニイ・ムラヴィーンスキイではなく、名前は失念したものの若い人だったように想います。一曲目は、ルードヴィヒ・ヴァン・ベートーヴェンとフェリックス・メンデルスゾーンの協奏曲と竝んで三大提琴《ヴァイオリン》協奏曲と称されるヨハネス・ブラームスの提琴協奏曲で、音の階《きざはし》を歔欷《すすりな》くように上り下りする旋律に身を任せていると、楽の音の他《ほか》は何もない世界に湎《ひた》れる歓びで気が遠くなりそうでした。二曲目は、私が日本にいた頃にとりわけ弦楽四重奏曲に惹かれていたソ連の作曲家ドミートリイ・ショスタコーヴィチの、日本では『革命』という副題で親しまれておりセルゲーイ・エイゼンシテーイン監督の無聲映画『戦艦ポチョームキン』でも流れる、交響曲第五番で、小ぢんまりとした会場に収まりきらない音の嵩《かさ》と迸《ほとばし》りに圧倒され、ティムパニが響《どよ》み轟く最終楽章では天井が落ちて床が抜けるかと想われました。そのホールは、行き届いた配慮が施されていて息が詰まりそうになることすらある日本のホールとは趣きが異なり、後方や側面の幾つもの扉からお構いなしに音が外へ洩れるような風通しの好いホールでしたが、このホールを収容する建て物は、ハバーロフスクで最初の石造建築の一つで、一八八七年に技師大佐ヴラヂーミル・モオロの設計に基づいて守備隊（将校）会館として建設され、一九一四年から一九一六年にかけて増築され、第二次世界大戦中は軍の病院となり、一九四七年の改修後にミュージカル・コメディ（オペレッタ）劇場が置かれ、一九八〇年代に極東美術館とハバーロフスク地方フィルハーモニーに移管され、二〇〇二年にコンサート・ホールの大掛かりな改装が竣《お》わりました。ちなみに、一九四七年の改修には、浪曲師で復員後に歌謡界でデビューする三波春夫さんを含む日本人抑留者が動員されたそうですが、日本人抑留者は、蒙古《モンゴル》のウランバートルのオペラ・バレエ劇場、烏茲別克斯坦《ウズベキスタン》共和国の首府タシケーントのミール・アリー・シール・ナヴァーイー名称国立アカデミー・ボリショーイ・オペラ・バレエ劇場、ブリャート共和国の主都ウラーン・ウデーのソ連人民藝術家ツィドィンジャーポフ名称ブリヤート国立アカデミー・オペラ・バレエ劇場などの建設にも動員された、と仄聞しています。ところで、露西亜極東には、ヴラヂヴォストークの太平洋交響楽団とハバーロフスクの極東交響楽団という二つの伝統あるオーケストラがありますが、一九六一年にハバーロフスク・ラヂオ放送委員会オーケストラから極東交響楽団へと改称された後者を長年率いてきたのは、一九三八年に莫斯科《モスクヴァー》に生まれ、一九六四年に作曲理論を学んだ莫斯科音楽院を卒業し、一九六七年に歌劇と交響曲の指揮を学んだ同音楽院の大学院を卒業し、極東交響楽団の藝術監督兼首席指揮者に就任した、ヴィークトル・チーツさんでした。チーツさんは、一九七六年に五十ほどの楽団が参加した国内のオーケストラ・コンクールで同楽団を指揮して六位に入り、一九七八年から一九八七年にかけて西比利亜《シベリャ》のオームスク・フィルハーモニー交響楽団の藝術監督兼首席指揮者を務め、一九八四年に国内のオーケストラ・コンクールで同楽団を指揮して一位となり、一九八九年に極東交響楽団へ戻り、一九九八年と一九九九年に同楽団を指揮して青森や函館で公演を行っています。同楽団のレパートリーは、ボロヂーン、チャイコーフスキイ、スクリャービン、ラフマーニノフ、ショスタコーヴィチといった露西亜やソ連の作曲家の作品からベートーヴェン、ブルックナー、ブラームス、マーラー、ドビュッシーといった西欧の作曲家の作品に至るまで幅広く、二〇〇三年にリリースされたCDには、セルゲーイ・ラフマーニノフの交響曲第二番、二〇〇四年にリリースされたCDには、シャルル・グノーの歌劇『ファウスト』から「ワルプルギスの夜」、アントニン・ドヴォルザークの『ジプシーの歌』、『スラヴ舞曲』第八番、ジョルジュ・ビゼーの歌劇『カルメン』の間奏曲、カミーユ・サン＝サーンスの『序奏とロンド・カプリッチョーソ』、ヨハネス・ブラームスの『洪牙利舞曲《ハンガリー》』第一番、第五番、第六番、ヨハン・シュトラウス二世のワルツ『春の聲』と『南国のばら』、ポルカ『雷鳴と稲妻』と『トリッチ・トラッチ』が収録されています。チーツさんは、二〇〇六年の早春に享年（数え年）六十八で人々に惜しまれつつ逝去し、故人を偲ぶ記念板が、ハバーロフスク地方フィルハーモニー・コンサート・ホールの入り口の左手に設置されましたが、生前は、寓居があったプーシキン通り十三号棟の卵色のフルシチョーフカ（フルシチョーフ時代に建てられた集合住宅）の隣りの烟り色のフルシチョーフカにハープ奏者の夫人と住んでいて、私が、プーシキン通りやゴーゴリ通りを仔犬と散歩しているチーツさんに「こんにちは！《ズドラーストヴィチェ》」と挨拶すると、マエストロは、頬を赧らめて銀縁眼鏡の奥の双眸をくりくりさせて含羞《はにか》み屋の少年のような微笑みを返してくれるのでしたが、妻には、「繊細な人なんだから、あんまり喫驚《びっくり》させせないで。」とよく叱られたものでした。

歌聲

露西亜の歌手と云えば、『ヴォールガの舟歌《エイ、ウーフニェム》』や『スチェーニカ・ラージン』といった民謡やゲーテの詩劇『ファウスト』によるムーソルグスキイの歌曲『メフィストフェレスの蚤の歌』などの迫力ある歌唱で知られ日本ではステーキの名前にもなっているバス歌手のフョードル・シャリャーピンや具琉耳《グルジヤ》の貧しい画家ニコ・ピロスマニを主人公とする歌で日本でも愛唱されている『百万本の真紅のバラ』を歌うアーラ・プガチョーヴァなどがよく知られていますが、私が真っ先に想い泛《う》かべるのは、ヴァヂーム・コージン。初めてその歌聲を耳にしたのは、一九八〇年代後半にソ連から日本へ輸入された復刻盤らしいモノラル録音のLPレコードを通してでしたが、そのときには、他《ほか》の歌手には見られない床《ゆか》しさを感じさせる濃《こま》やかな歌唱が耳底《じてい》に刻まれました。その後、ソ連へ移り住んでからは、放送局の仕事に逐《お》われてこの歌手のことはすっかり忘れていたのですが、或る日、テレヴィで週末のローカル番組『極　東《ダーリニィ・ヴォストーク》』を視るともなく視ていると、薄汚れた狭い部屋の一隅で果敢にアップライト・ピアノに向かって嗄《しわが》れ聲を張り上げるぎょろ目の老翁《ろうおう》が映し出され、私は、思わず息を呑んで画像に釘附けになりました。あの歌手が生きていた、選《よ》りに選って、矯正労働収容所群で知られる極北のオホーツク海に臨むコルィマー地方の玄関口のマガダーンに。コージンさんは、第一階級《ギーリヂヤ》の商人を父にロマ（ジプシー）の女性を母に持つ聖彼得堡《サンクト・ペチェルブールグ》出身のリリック・テノール歌手、ピアニスト、作曲家、詩人であり、三千曲以上と云われる露西亜およびロマ（ジプシー）の歌や抒情的小歌曲《ロマーンス》を中心としたレパートリーのうちの凡そ三百曲は、自身の作品だそうです。生年は、幼い頃に食糧の配給が受けられるよう三つ鯖《さば》を読まれて一

歌手のヴァヂーム・コージンさん。一九九四年六月。マガダーンの自宅に隣接する音楽サロンで。

九〇六年とされていたそうですが、実際には、例えば作家の森茉莉や林扶美子や小林多喜二やジョージ・オーウェルや詩人の金子みすゞや知里幸恵《ちりゆきえ》や草野心平や山之口貘や瀧口修造やレイモン・ラディゲや板画家の棟方志功や洋画家の三岸好太郎や映画監督の小津安二郎や翻譯家の神西清やピアニストのヴラヂーミル・ホロヴィッツや作曲家のアラーム・ハチャトゥリャーンや指揮者のエヴゲーニイ・ムラヴィーンスキイと同じ一九〇三年であり、生誕百周年の二〇〇三年には、小鳥の囀る緑の木立ちで鍵盤式《アコーデ》の手風琴《ィオン》に合わせて愉しげに唱うこの歌手の描かれた三留《ルーブリ》 七十哥《コペーイカ》 切手附き記念封筒が発行されました。コージンさんは、第二次世界大戦の戦前と戦中には、押しも押されもせぬソ連歌謡界の寵児であり、五十枚以上もレコードがリリースされ、一九四三年には、英国のウィンストン・チャーチル首相と米国のフランクリン・ルーズヴェルト大統領とソ連のイオーシフ・スターリン人民委員会議議長（首相）の三巨頭によるテヘラン会談の際に催されたチャーチルの誕生祝いのコンサートに独逸出身のマレーネ・ディートリッヒや仏蘭西出身のモーリス・シュヴァリエや露西亜出身のイーザ・クレーメルと共に出演したそうですが、一九四四年、スターリンの片腕であったラヴレーンチイ・ベーリヤとの諍いが原因で、内務人民委員部の特別会議によって自由剥奪八年の刑を受け、極北のコルィマー地方へ送られることになった、と云われています。一九九四年六月の中旬、私は、北海道新聞のハバーロフスク支局長に誘われてマガダーンを訪い、この歌手と会う機会に恵まれました。コージンさんの自宅は、自身の活動の拠点となったゴーリキイ名称マガダーン音楽ドラマ劇場の脇の学《シコー》校《リヌイ》小路一号棟の五階建てのフルシチョーフカ（フルシチョーフ時代に建てられた集合住宅）の九号室であり、そこは、一九九五年にメモリアル住居博物館となり、隣室には、一九九三年に音楽サロンが設けられ、九十歳の誕生祝いに贈られたベッケル社製の赤いグランド・ピアノが置かれ、ピアノの傍らの壁には、往年の氏の写真が額に入れて飾られていました。コージンさんは、ヂーナさんという伴侶と共に私たちを歓んで迎えてくれましたが、私は、室内でもフエルトの長沓《ヴァーレンキ》を履いて摺り足で躙り寄ってくる老翁《ろうおう》の姿にふと狂言師の野村万作や舞踏家の土方巽や聖愚者とも呼ばれる佯狂《ユローヂヴィ》を複《かさ》ね合わせたことでした。私たちは、ソファーで四方山話しに花を咲かせたり、老歌手が日出る国の客人のためにピアノを弾きながら熱唱する歌をメドレーで聴かせてもらったり、ヂーナさんが手迅く拵えてくれたチーズやソーセージのブテルブロード（オープン・サンドイッチ）を肴に火酒《ヴォートカ》をいただいたり、一盃目は一気に飲み干し二盃目からは半分づつ酌むというコージン流の飲み方を伝授されたりしながら、和やかなひとときを過ごしました。私は、マガダーン市内の魚屋でたまたま見附けて購入した『ヴァヂーム・コージン　歌とロマンス』（マガダーン・モレプロドゥクト、一九九三年）という二枚組のLPレコードを持っていってサインを貰いましたが、そのレコードは、歌手の生誕九十周年に寄せて地元の水産企業が制作したもので、そこには、お馴染みの曲の他《ほか》にコージンさんが皮肉とユーモアを交えて「保養地《クロールト》」と呼んでいたマガダーンについての歌も収められていました。カヴァーの表には、自宅で撮影されたものと想われる写真が大きく印刷されており、そこには、桔梗色の煖かそうな洋袴《ズボン》を穿《は》いて鼠色の草臥れた徳利セーターを纏《まと》ってソ連の「赤い十月《クラースヌイ・オクチャーブリ》」社製の黒いアップライト・ピアノに向かう禿顱《とくろ》の老歌手が斜め後方から映し出されており、カヴァーの裏には、縦長の四角い窗《まど》のような写真が中央に印刷されており、そこには、表と同じ服装でこちらを向いて伏し目がちに何かを喋っている老歌手の上半身が映し出されています。ちなみに、その写真の徳利セーターの左胸には、安全ピンが平行する斜線のように二つ留められており、お会いしたときも同じようにされていたので、その訣を伺うと、魔除けとのことでした。マガダーンでは、コージンさんの半生と創作について記されたボリース・サーフチェンコ著『失寵のオルフェウス』（マガダーン図書出版所、一九九一年）という本も書店で手に入れることができ、ハバーロフスクへ戻ると、さっそくその翻譯に取り掛かりましたが、半年ほど掛って漸《ようや》く譯し了えた一九九四年十二月二十日の朝、全国放映のニュース番組『ヴェースチ』で、コージンさんが前日の十二月十九日に九十一歳で天に召されたとの訃音に接しました。なお、マガダーン出身で米国在住の作家クセニヤ・メルニクは、短篇集『五月の雪』（小川高義譯、新潮社）所収の「上階の住人」という作品で、この歌手がモデルであるマーキンなる人物を、濃やかに描いています。ヴァジーム・コージンは、日本では余り知られていませんが、東京在住の歌手で女優の石橋幸《みゆき》さんは、『秋《オーセニ》（邦題 行かないで）』や『リューブシカ（邦題 リューバ）』といったこの歌手のレパートリー曲を露西亜語で歌い、コージンさんの胸像をメモリアル住居博物館に寄贈し、その胸像の写真をカヴァーに配《あしら》った『МАГАДАН《マガダーン》』というCDをリリースし、毎年のようにマガダーンを訪ねてはコンサートを行い、二〇一〇年四月に莫斯科《モスクヴァー》のクレ《クレ》

歌手の石橋幸〔みゆき〕さん。2006年7月12日。ハバーロフスクでのコンサートで。

ムリン《ームリ》宮殿での『シャンソン・オヴ・ザ・イヤー』のガラ・コンサートへ招かれたときには、『秋《オーセニ》』を絶唱して喝采を浴びています。石橋さんは、マガダーンへの往き復りにハバーロフスクにも滞在し、創造的インテリゲンツィヤ会館（フルーンゼ通り六十九a《アー》号棟）や極東国立学術図書館（ムラヴィヨーフ＝アムールスキイ通り一号棟）や広場や路上でコンサートを行い、「タンコ」という愛称から地元の詩人や画家たちに「東京《トキーイスカヤ》ターニャ」と親しまれ、弊局の番組『シベリヤ銀河ステーション』にもたびたび友情出演してくださり、味のあるお喋りを交えつつ露西亜のアウト・カーストの歌の数々をギターを弾きながら熱唱してくださったことでした。

音盤

日本にいた頃は、ソ連盤を輸入する会社でいつもレコードに触れていたせいか、ソ連へ移ってからは、レコード売り場を覗くのが、殆《ほと》んど唯一の趣味そして何よりの息抜きとなりました。ジェルジーンスキイ通りの職場からの帰りには、木製の重たい二重扉から忙《せわ》しげな客を引っ切り無しに呑吐《どんと》する閉店間際の中央百貨店《ツーム》の一階の隅の橙色の灯りが点るレコード売り場へ辿《すべ》り込み、非番の月曜日には、鉄道大学の筋向かいのセールィシェフ通り七十四号棟のレコード専門店『メローヂヤ』まで足を延ばし、ウィルヘルム・フルトヴェングラー指揮のアレクサーンドル・グラズノーフの交響詩『スチェーニカ・ラージン』、ジョルジュ・エネスコ指揮のピョートル・チャイコーフスキイの交響曲第四番、スヴャストラーフ・リーヒテル演奏のヨハン・セバスチャン・バッハの『平均律クラヴィア曲集』、順次リリースされていく提琴《ヴァイオリン》奏者レオニード・コーガンの全集といったクラシックの名盤から、ロック、フォーク、ポップス、歌う詩人《バールド》の自作自演、アーンナ・アフマートヴァやヴェーラ・アフマドゥーリナといった詩人の自作朗読まで、ジャンルを問わずに欲しいものは何でも買っていました。着任した當初、私の給料は、一部は日本の銀行口座へ外貨で振り込まれ、残りはソ連の通貨である留《ルーブリ》で支給されていましたが、當時は、留を外貨へ両替することができず、物不足なので留を沢山費《つか》うことも余りなく、市場経済ではなく計画経済なので物価は低く、音盤も一枚一留四十五哥《コペーイカ》と申し訣ないほど安いのでした。ちなみに、最初に購《もと》めたレコードは、小豆色の草臥《くたび》れたジャケットの「音楽遺産・演奏藝術シリーズ」のモノラル盤で、収録曲は、ローザ・タマールキナとボリショーイ劇場名称弦楽四重奏団の共演によるブラームスのピアノ五重奏曲へ短調で、カヴァーの表と裏には、お河童が愛らしいこのソリストの油彩風の絵と白黒の写真が配《あしら》われていましたが、私が初めて担當した音楽番組は、たまたまタマールキナの特集だったので、そのレコードの解説を引用して「なお、このピアニストは、十七歳のときに第二回国際ショパン・コンクール（一九三七年）で入賞しています。」という一文を補ってみたところ、読み合わせ《シチートカ》をした編輯員の方は、一寸《ちょっと》戸惑った表情を泛《う》かべたものの、政治的な内容ではないためか、原稿にはないその一文を見逃《みのが》してくれました。それから、音盤と云えば、或るとき、中央食料市場の裏手の労働組合文化会館の前で自分のレコードを竝べて売ったり交換したりしていたヴォローヂャという青年と知り合いになり、それ以来、目貫き通りのカール・マルクス通りや放送センターのあるレーニン通りなどでばったり顔を合わせては立ち話しをするようになり、気が附けば、二十年余りに亙って細く長い附き合いが続いているのでした。彼は、職業は警察官とのことでしたが、いつも文学青年のような雰囲気を漂《ただよ》わせており、散歩させている犬の引き綱《リード》を引っ張ったり、乗っていたサイクリング車のペダルから片足を下ろしたり、愛用のニコンのカメラで撮影した風景写真を見せてくれたり、欧洲経由で玖馬《キューバ》を訪れた長い旅の印象を語ってくれたりするのでした。さて、露西亜を去って日本へ帰るときには、荷物が夥しくて音盤をみんな搬んでいくわけにもいかず、これはというものを百枚ほど選びに択《えら》んで郵便局から船便で送り出し、泣く泣く割愛したものは、聴き納めにもう一遍針を落としてから、芥溜《ポモーイカ》めの脇の雪の上へ置いてきました。音楽好きの誰かにそっと拾われることを願いながら。

そう云えば、音盤と共に、それを廻す卓やそれに落とす針も、雪の上へ置いてきたのでした。私が露西亜で二十年余り愛用していたレコード・プレーヤー《プロイーグリヴァチェリ》は、イルクーツク4という町のソ連邦五十周年記念イルクーツク・ラヂオ受信機工場で製造されたステレオ・ラヂオ附き電気蓄音機『イールガ-RE-302-1S』でした。レコードはあってもプレーヤーがないと音は出ないので、給料を貰ったらさっそくステレオを買おうと想って、ときどき電気店や百貨店の電蓄売り場を覗いて物色しており、ソ連へ渡って一月半ほど経った一九八九年十二月十一日の非番の日にセールィシェフ通りとコムソモーリスカヤ通りの角にある軍人用商店《ヴォエントールグ》でその電気蓄音機を手に入れることができたのですが、社宅まで搬んでもらう車を放送局に頼んでいなかったので、重くて嵩張るその荷物を前にして途方に暮れてしまいました。とは云え、そうしていても仕方がないので、巨きな獲物を運ぶ蟻に変身する覚悟を極《き》め、プレーヤーの本体と二台のスピーカーを収めた四角い大きな段ボール箱と角力《すもう》を取るように最寄りのセールィシェフ通りとカリーニン通りの角のバス停へ移動し、やがて到着した洪牙利《ハンガリー》のイカルス社製の二車体連節の八番路線のバスの蹴上《けあ》げの高い踏み段《ステップ》の上の床面へなんとか押し上げ、二つ先のレーニン通りの停留所でどうにか引き摺り下ろすと、雪の道を押したり引いたりして汗だくになりながら社宅まで運んだことでした。一息《やす》みしてから荷を解くと、複雑な回路の図面の添えられた取り扱い説明書が出てきましたが、珍紛漢紛《ちんぷんかんぷん》で埒が明かないので、適當に接続コードを繫いでボタンやダイヤルを弄《いじ》っていると、ターン・テーブルが廻ってレコードが聴けるようになりました。ただ、そのステレオは、電源を入れると本体からぶーんという音がして耳障りなので、私は、二台のスピーカーだけ外に出してターン・テーブルや操作機能を具えた本体を扉附きの戸棚の中へ蔵《しま》うことで雑音《ノイズ》を抑えようとしたのですが、とりわけクラシック音楽のレコードを聴くときにはどうしても気になってしまいました。けれども、帰国後に自宅で埃を冠《かぶ》っていた一九七〇年代に生産された日本のステレオで聴いたときには、同じソ連や露西亜の音盤たちが、とても澄んで韶《うつく》しい音色を響かせてくれるのでした。恰《まる》で音を再生する円盤そのものが生まれ変わったかのように。

映画

ソ連へ移り住む前の一九八〇年代後半の或る冬のこと。旧新の年を跨いで日本から極光《オーロラ》を観に行く団体旅行の添乗員のアルバイトで露西亜の旧帝都である列寧格勒《レニングラード》（現 聖 彼 得 堡《サンクト・ペテルブルグ》）から夜行寝台列車に乗って諾威《ノルウェイ》や芬蘭土《フィンランド》との国境に近い北極圏最大の都市ムールマンスクへ向かっていた私は、夜も更けて酔客もみんな区分客室《コムパートメント》の自分の塒《ねぐら》へ引き揚げてがらんとした食堂車《ヴァゴーン・レストラーン》に居残り、仕事を了《お》えて帽子を脱いだ調理係りの青年や長い金髪が目映い給仕係《きゅうじ》りの乙女や伊太利の女優ジュリエッタ・マシーナを想わせる童女のような雑役係りの女性らと共に愛らしいデザインの窗帷《カーテン》の前に一輪挿しの造花が飾られた矩形の小卓をコの字に囲み、猶《なお》も酒盃《グラス》を累《かさ》ねて紫烟を燻《くゆ》らせながら往く年と来る年の迫間《はざま》に身を任せていました。いつしか話柄《わへい》が映画に及ぶと、給仕係りの乙女は、列寧格勒での日本映画祭で上映された黒澤明監督の『どですかでん』に甚《いた》く感動したと云って、素朴《プロストター》さと誠実《イースクレンノスチ》さを湛えた双眸を燦《きら》めかせるのでした。そろそろお開きという段になり、私は、途中の駅で降りるその乙女にプレゼントする約束をした日本のカレンダーを取りに自分の区分客室へ戻ったのですが、紙袋の中にまだ残っていたはずのカレンダーが幾ら捜しても見つからず、蒼ざめた馬のように怕《おそ》る怕る食堂車へ取って返して事の次第を伝えると、彼女は、それは悲しそうに瞳を曇らせて言葉を失くしてしまいました。ほどなく郷里の駅が近附いて冬の身仕舞いを済ませると、彼女は、カレンダーのことなどさっぱり忘れたように屈托のない笑顔で「新年、お愛でとう！《ス・ノーヴィム・ゴードム》」と私に告げてくれて、無人の歩廊《プラット・フォーム》から闇に包《つつ》まれた雪野《ゆきの》へと消えていくのでしたが、列車のデッキに取り残された私は、約束を守れなかった罪の意識に苛まれて、「どですかでん、どですかでん、どですかでん……」という電車の音にいつまでも魘《うな》される想いでした。さて、露西亜のテレヴィでは、名匠や名優や文豪の生誕何周年とか歿後何周年といった節目に合わせて国内外の名作映画や文藝映画が解説附きでよく放映されており、私は、映画と云えば自宅のテレヴィ桟敷で観ることが殆《ほと》んどで、招待券が手に入ったときなどを除いて映画館へ足を運ぶことは滅多になく、ハバーロフスクの映画館で観たものについては、次のような乏しい記憶しか残っていません。レーニン通りの映画館『青年の《モロヂョージヌイ》』で観た大島渚監督の『愛の亡霊』（無修正版）や後藤俊夫監督の日ソ合作映画『オーロラの下で』（原作 戸川幸夫）。ちなみに、後者には、監督としても有名なニキータ・ミハルコーフや黒澤明監督の日ソ合作映画『デルスー・ウザラー（先行訳 デルス・ウザーラ）』のデルスー役であるマクシーム・ムンズークも出演していました。それから、目貫き通りであるムラヴィヨーフ＝アムールスキイ通りの映画館『ギガーント』で観たエドワード・ズウィック監督の日米ニュージーランド合作映画『ラストサムライ』や宮崎駿監督のアニメーション映画『千と千尋の神隠し』。ちなみに、露西亜では、劇場や博物館と違って映画館にはクローク・ルーム《ガルヂェローブ》がなく、後者は、正月に外套に包《くる》まったままコーラの罎とポップ・コーンの袋を手にして観たのですが、上映が了わって客席の灯りが点ると、エンディング・テーマの『いつも何度でも』に合わせた子供たちの愉しげなハミングが直ぐ後ろの列から流れてきたことでした。それから、目貫き通りを挟んで『ギガーント』の筋向かいにある新装成った映画館『ソフキノー』で日本映画祭の枠内で観た大林宣彦監督の『あした』や黒澤明監督の『天国と地獄』や山崎貴《たかし》監督の『ALWAYS三丁目の夕日』。ちなみに、『ALWAYS三丁目の夕日』の上映後に映画館の脇の出口へ続く階段を下りていると、目の前の若くて粋《いき》な女性が、「なんて素的！《エータ・プロースタ・チューダ・ヴァアプシェー》」と呟いたのですが、ふと洩れたその歎美する聲は、今も私の耳底《じてい》に刻まれています。戛々《かつかつ》というハイヒールの跫音と共に。

絵画

絵画と云えば、アムール河畔にあるシェフチェーンコ（旧岸辺《ベレゴヴァーヤ》）通り三号棟の大会議場のロビーの正面の壁に飾られている『沿アムール地方の詩』という十二平方米《メートル》のモザイク画が、想い出されます。一九七九年に地元の露西亜人民美術家であるゲンナーヂイ・パヴリーシンさんが極東に産する細工用の準宝石を用いて制作したこの作品は、地元の観光名所の一つにもなっており、嘗《かつ》ては、誰でもふらりと立ち寄って鑑賞することができました。この画伯とは、一九九〇年代の半ばに日本の民俗学者のO先生から用事を託《ことづか》った際に初めてお会いし、爾来、折りに触れてイストーミン通りの工房《アトリエ》やジェルジーンスキイ通りの自宅を訪ねるようになりましたが、或るとき、ヴラヂーミル・アルセーニエフの小説『デルスー・ウザラー』に出てくる場面を自由に択《えら》んで描いて欲しいとの北海道北方博物館交流協会のF先生の要望を伝えると、露西亜極東の自然や民俗を題材《モチーフ》とした挿し絵でも世界的に知られる画伯は、その場で快く応じてくださり、その二十四景の絵が完成すると、私は、絵に添える短い文章を原書から抽出して翻譯する作業を依頼され、やがて、それらの絵と文は、『森の人デルス・ウザラー』（群像社）という絵本になりました。また、童話作家の神沢利子さんの文章に添える絵を描いて欲しいとの東京の出版社の編輯者Tさんの要望を伝えたときにも、画伯は、快諾され、やがて、それらの絵と文は、『鹿よ おれの兄弟よ』（福音館書店）という絵本になり、この本は、小学館児童出版文化賞や講談社出版文化賞を受けました。画伯は、敬虔な露西亜正教の信徒であり、二〇一一年の日本の亜使徒大主教聖ニコラーイの来日百五十周年に時を合わせて函館のハリストス正教会に奉納するこの聖人のモザイクの聖像画《イコーナ》を制作して欲しいとの仙台のハリストス正教会のセラフィム主教の要望を伝えたときにも、快諾され、その聖像画は、現在、函館のハリストス正教会の主の復活聖堂の南庭に佇んでいます。また、二〇一三年には、露西亜極東の自然や民俗やバイカール・アムール鉄道（バーム鉄道、第二西比利亜《シベリヤ》鉄道）などを主題《テーマ》とした作品群を紹介する画伯の初の個展が、孟夏《もうか》から晩秋にかけてアムール河畔のハバーロフスク地方博物館の新館の二階の展示室で催されました。ところで、ハバーロフスクには、美術家に提供される工房の鳩《あつ》まった場所が、あちらこちらにありました。中央郵便局の傍のフルーンゼ通り六十五号棟も、その一つで、そこの一室である前衛的な陶藝家で線描画家のイリーナ・オールキナさんの工房は、藝術好きの溜まり場のようになっていて、私も、詩のサークルの集いの後《あと》や誰かの誕生日などに寄らせてもらっては、一緒に、酒を飲み、烟草を喫《の》み、歌を唱い、戯談《じょうだん》を飛ばし、電熱器に大鍋を載せて拵《こしら》えた烏《ウ》茲別克《ズベク》風の炒飯《プローフ》をご馳走になったりしたことでしたが、そんなときには、町の名士の一人である花車《きゃしゃ》な女性が、絵の具の匂う画架《イーゼル》の林を跣足《はだし》で擦《す》り抜けたりするのでした。藤田嗣治が巴里で最初に描いた裸婦像のモデル「モンパルナスのキキ」（アリス・プラン）のように。それから、プーシキン通りとレーニン通りの角の十四階建ての建て物の最上階にも、工房村《アトリエ》がありました。ここには、版画家のニコラーイ・ホロドークさんの工房があり、俳人のアレクサーンドル・ヴルブレーフスキイさんとこの版画家の合作であり私も日本語譯のお手伝いをした句画集『漫 ろ 歩 き』《ニエスペーシナヤ・プログールカ》（リオチープ社）が上梓された際には、その工房で細《ささ》やかな祝宴を張り、檸檬を齧りながらコニャックを飲んだり、紫烟を燻《くゆ》らせつつ燕の巣のような露台《バルコーン》からアムール河畔を遠望したりしたことでした。そこには、ポップな感覚を具えた画家のアナトーリイ・ネージンスキイさんの工房もありました。ネージンスキイさんは、どこかニコラーイ・リョーリフを想わせる画風のヴィターリイ・ドロズドーフさんと実験的な大作に挑んでいるアンドレーイ・ブラジノーフさんという他《ほか》の二人のハバーロフスクの美術家と共に一九九八年夏の新潟での藝術祭『ネオ・ラグーン　北東アジアの現代美術』に参加した画家ですが、美術学部の講師を務めている極東国立人文大学への徒歩での往き復りなどにプーシキン通りやレーニン通りで私を見掛けると、達磨のようにふっくらした顔に人懐っこい笑みを泛《う》かべて近附いてきて、自身の近況や展覧会の予定を告げてくれたり、私にジャーナリズムの仕事を罷《や》めて詩を書くことを慫慂《しょうよう》したりするのでした。それから、アレクサーンドル・レペトゥーヒンさんも、とても印象深い画家でした。初めてお目に掛かったのは、オールキナさんの工房か何処かのカフェかギャラリーでしたが、この画家は、お喋りの輪には加わらず、そうかといって、決して退窟そうではなく、栗鼠《りす》のような眼で対象を擒《とら》えながらせっせと手と鉛筆を動かして誰かを素描《スケッチ》しているのでした。ちなみに、ハバーロフスクでは、絵描きが誰かをさらりと素描する光景がよく見られ、私も、ノートの切れ端やキャンディー《コンフェータ》の空き箱の裏などにいつの間にか素描されて然《さ》り気《げ》なくプレゼントされたことがありました。さて、レペトゥーヒンさんは、地元の新聞『太平洋の星《チホオケアーンスカヤ・ズヴェズダー》』の藝術関連のコラムを定期的に執筆するようになりましたが、私は、その記事に添えられた写真で姿を拝見するばかりで、とうとう一度もこの画家と言葉を交わすことがありませんでしたが、帰国後、帰国前にたまたま手に入れていたレペトゥーヒンさんの絵本の拙譯を出版する許可を求めてハバーロフスクの友人に托して手紙を送ったところ、なんと、快諾の返辞の他にエルショーフ賞を受賞した前作の絵本も送られてきたのでした。そして、勿体ないことに、これらの絵本は、『ヘフツィール物語』と『新ヘフツィール物語』（共に未知谷）として日本で出版されることになりました。ちなみに、ヘフツィールは、町の暮らしに馴染めずにアルセーニエフ邸を後にした森の人デルスー・ウザラーが目指したハバーロフスク南郊の山林であり、今は市民に愛される自然保護区となっています。

アムール河流域の先住諸民族には、独特の文様を縫い附ける手藝の伝統がありました。丈の長い婚礼衣装には、あちらこちらに鳥獣を配《あしら》った「生命樹《ドレーヴォ・ジーズニ》」と称される美しい刺繡が施され、知り合いのナーナイ人の老嫗《ろうおう》に戴いた布製の丸帽には、どこか唐草模様を想わせる手の込んだ刺繡が施されていました。その帽子は、中央亜細亜やバシキーリヤやタタルスターンなどで冠《かぶ》られている碗を伏せたように顱頂部《ろちょうぶ》を覆うチュベチェーイカに似ており、四分《しぶん》円《えん》の形にぺたんと折り畳《たた》むことができました。丸帽の周縁には、幅が七糎《センチ》ほどの帯状の折り返しがあり、折り返しの上の端には、幅が五粍《ミリ》ほどのコバルト・グリーンと菖蒲色の二本の太い線が竝んで走り、その下の帯状の部分では、鉄道の線路に似た針目《ステッチ》の黒い曲線が、砥粉《とのこ》色と黒色の両線と黒色と珊瑚色の両線という上下二本の真っ直ぐな両線の間《あいだ》でスヰッチ・バックをしながら続いており、その沿線の野原では、色取り取りの花が咲いて草が茂っているようでした。裏地は、紫紺色の池の一面に無数の白いお玉杓子を放ったようで、表地は、水《みず》浅葱《あさぎ》色の丸屋根の東西南北に色取り取りの勾玉《まがたま》を一連づつ泛《う》かべたようで、刺繡には、藤、桃、菫、青磁、露草、紅赤《べにあか》、京紫《きょうむらさき》、向日葵、猩々緋《しょうじょうひ》といった色の絲が使われているのでした。

アムール河流域には、ナーナイ人では、ハバーロフスク地方博物館でマスター・クラスを担

陶工の日。二〇〇四年七月一日。
ムラヴィヨーフ＝アムールスキイ通りで。

嘗しているハバーロフスク在住のヴァレンチーン・サマールさん、鞣《なめ》した鮭の皮で優美で高雅な東洋風《ハラー》長衣《ト》を制作するコムソモーリスク・ナ・アムーレ在住のユーリヤ・サマールさん、ウーリチ人では、呪《シャ》術師《マーン》の仮面を用いたユニークな作品もあるボゴローツコエ在住のニコラーイ・ギャヴゴーダさんといった、国内外で知られる伝統工藝作家がいますが、ギャヴゴーダさんには、インタヴューをさせていただいたり、アムール河下流のブラーヴァというウーリチ人の村を案内していただいたり、拇指ほどの太さの真っ直ぐな檜皮《ひわだ》色の木の枝に楕円や半円や矩形の肌色の刻み目を施した二色《ふたいろ》のトーテム・ポールの小《ミニ》型模型《アチューラ》、木の枝に漣漪《さざなみ》のような横筋を首の根っこから尾の附け根にかけて段々に刻み込んで作った長さが十五糎ほどの虎のお守り《タリスマーン》、白樺の樹皮を撓《しな》らせて四隅《よすみ》を折り込んで掌状にして周縁に箍《たが》を嵌めた小皿風の容器といった作品を、記念に戴いたりしたことでした。ところで、手藝と云えば、放送局の女性のオペレーターは、編み物の好きな人が多く、録音の合い間にせっせと手と棒を動かしていたので、私は、手套《てぶくろ》がだいぶ草臥《くたび》れてしまったときに或る方にお願いして胸がきゅんとなる可愛いパステル・カラーの厚手のミトンを編んでもらったことがありました。それから、陶藝と云えば、莫斯科《モスクヴァー》近郊で産するグジェーリ焼きという白地に藍色の図柄が施された焼き物が有名で、紅茶や珈琲の茶碗から、砂糖やキャンディー《コンフェータ》の器、水差しや麦酒《ビール》のジョッキ、十字架や復活大祭《パースハ》の彩色卵、花瓶や燭台や人形《フィギュア》に至るまで、さまざまな意匠の製品が作られていて、ハバーロフスクの土産店でも、十九世紀末に箱根の入れ子式七福神小芥子《こけし》をモデルに発祥したとも云われる日本でもお馴染みのマトリョーシカ人形などと共に、グジェーリ焼きの陶物《すえもの》が硝子函の中の棚にずらりと竝んでいました。また、ハバーロフスクでは、毎年、七月の初めに「陶工の日《ヂェーニ・ゴンチャラー》」が祝われており、その日は、目貫き通りのムラヴィヨーフ＝アムールスキイ通りの広々とした歩道に昔ながらの轆轤《ろくろ》が幾つも置かれ、子供も大人も、慣れない手附きで木の円板を廻して粘土を捏ねては、世界に二つとない作品を創ることができるのでした。

切手

封筒の右隅にA、葉書きの右隅にB。そうした記号のあるものは、すでに郵送代が含まれていて、国内ならば、切手を貼る必要はありませんでしたが、露西亜では、思わず貼りたくなるような美しい切手に沢山出遇いました。仕事柄、日本の聴取者からの手紙の返信に用いるために綺麗な切手を漁ることを普段から心掛けており、中央郵便局の記念切手売り場へは足繁く通ったことでした。露西亜の切手は、自然や抒情や思想や世相を万華鏡《カレイド・スコープ》のように映し出している、そんなふうに感じることもありました。例えば、愛知万博記念の小型シートの切手には、蒼穹、大樹《たいじゅ》、メンヂェレーエフの周期律表、レオナルド・ダ・ヴィンチの『ウイトルウィウス的人間』、聖像画《イコーナ》作家アンドレーイ・ルブリョーフの『救世主』と『ズヴェニーゴロドの礼式』が配《あしら》われ、「自然の叡智」という白いキリール文字《キリーリツァ》が添えられていました。それから、苺や甜瓜《メロン》といった水菓子の馥《かお》りのする切手、稀少動物の虎を題材《モチーフ》とした露西亜と北朝鮮の共同発行の切手、チェ・ゲバラが鮮やかに描かれた玖馬《キューバ》革命五十周年の切手、『静かなドーン《チーヒイ・ドーン》』を書いたミハイール・ショーロホフの生誕百周年や『鼻《ノース》』や『外套《シニェーリ》』を書いたニコラーイ・ゴーゴリの生誕二百周年といった文豪の切手なども、印象に残っています。また、自然を讃える露西亜と白露西亜《ベラルーシ》の共同発行の切手には、穴熊《あなぐま》、狗鷲《いぬわし》、海狸《ビーバー》、「赤い勲章のリボン」という美しい露西亜名の蝶が配われ、フョードル・チューッチェフの次のような詩が添えられていました。

自然は、貴方《あなた》が考えているものではない、
押し型ではなく、魂なき外面ではない――
そこには心があり、そこには自由があり、
そこには愛があり、そこには言葉がある。

また、「水」を主題《テーマ》とした小型シートの切手には、『星の王子さま』で有名な仏蘭西の作家アントワーヌ・ド・サン゠テグジュペリの『人間の土地』の露西亜語譯の一節が綴られており、中央郵便局の記念切手売り場を任されているハバーロフスク地方切手蒐集家《フィラテリースト》協会会長のTさんと二人でその言葉を目にしたときには、顔を見合わせて郵便局の高い天井に谺《こだま》するほどの歎息を洩らし合ったことでした。

……水よ！
汝には、味も色も匂いもない。
汝を描き写すことは、できず、
汝が何かを知らずに、人々は、汝に恵まれる！

汝が命に必要であると云うことは、できず、
汝そのものが、命なのだ。

そして、詩人アルセーニイ・タルコーフスキイ生誕百周年を記念する小型シートには、左に本人の、右に子息で映画監督のアンドレーイ・タルコーフスキイの、二葉の切手が、竝《なら》んでおり、耳紙《みみがみ》には、フィルムの断片と羅馬《ローマ》数字の時計の文字盤を背景に、こんな詩の一節が、印されていました。

私に、数字は、無用。
私は、在り、そして、在る、そして、在らん……

タルコーフスキイ父子の切手。二〇〇七年発行。

跋

追憶

こうして貧しい言葉を紡いでくると、追憶に耽ることと追憶を記すことは全く別なものであることが、実感されてきます。文字の択《えら》び方は無数にあり、文章の編み方も無数にあり、そんな無数の岐路で足を止め、言葉とその配列を定め倦《あぐ》ねていると、ほどなく身も心もぐったりし、いつしか日も暮れてしまうのでした。それは、言葉の失禁めいた落書きをしながら記憶の隧道《トンネル》を手探りで匍《は》っていくようなものだったのかも知れません。筆がなかなか進まないもう一つの理由は、回想の舟が沈没しないように数々の想い出したくない記憶の水雷や暗礁を避《よ》けていたせいかも知れません。綺麗事だけで済まそうとしたり善人面ばかり晒《さら》そうとしたりした心算《つもり》はないのですが、触れたくないものには触れなかったと云われればその通りかも知れませんし、舞文曲筆《ぶぶんきょくひつ》の誇《そし》りを免《まぬか》れないところもあったかも知れません。ただ、書かないほうが身のためと想われることを書いたところもなかったわけではありません。それから、翻譯なら、分量が予め定まっていますが、創作では、筆を擱《お》く場所を自ら決めなくてはなりません。これは、自由であると同時に不自由なことであり、私には、回想という無辺の曠野から翻譯という冬眠の穴倉へさっさと舞い戻りたいと想うことがありました。そんなとき、近所の図書館で借りてきた一冊の本の中で、こんな言葉に出逢いました。「波が打ち寄せてはまた引いていくように、思い出は寄せてはまた引いていってしまう。次に寄せてくる波は前の波とほとんど同じだけれど、よく見ると少しだけ違う。どれが本当の波なのか分からないまま、わたしも何度も同じことを繰り返し書くしかない。」、「書くという行為は冬眠と似ていて、端から見るとウトウトしているように見えるかも知れないけれど、実際は穴の中で記憶を生み育てているのだ。」どちらも、一九八〇年代後半に『摩耶《まあや》』（七月堂）という同人誌に独逸のハムブルクから詩を寄せてくださった多和田葉子さんの『雪の練習生』（新潮社）という小説に記されていたものでしたが、これを読むと、私には、追憶というものが、日や月の蝕《エクリプス》、或いは、冬の硝子窓にできる樹枝状結晶《デンドリート》のように、いつまでも変幻し続ける生き物に想われてくるのでした。

二〇一八年　立秋　武州白岡にて　続篇を夢見つゝ

岡田和也

おかだ かずや

1961年浦和市生まれ。早稲田大学露文科卒。元ロシア国営放送会社「ロシアの声」ハバーロフスク支局員。元新聞「ロシースカヤ・ガゼータ（ロシア新聞）」翻訳員。訳書に、シソーエフ著／パヴリーシン画『黄金の虎　リーグマ』（新読書社）、ヴルブレーフスキイ著／ホロドーク画『ハバロフスク漫ろ歩き』（リオチープ社）、アルセーニエフ著／パヴリーシン画『森の人　デルス・ウザラー』（群像社）、シソーエフ著／森田あずみ絵『ツキノワグマ物語』『森のなかまたち』『猟人たちの四季』『北のジャングルで』『森のスケッチ』、レペトゥーヒン著／きたやまようこ絵『ヘフツィール物語』（以上未知谷）がある。

Снег и чернила

雪とインク

アムールの風に吹かれて 1989～2011

2018年9月20日初版印刷
2018年10月10日初版発行

著者　岡田和也
発行者　飯島徹
発行所　未知谷
東京都千代田区神田猿楽町2丁目5-9　〒101-0064
Tel. 03-5281-3751 / Fax. 03-5281-3752
［振替］　00130-4-653627
組版　柏木薫
印刷所　ディグ
製本所　難波製本

Publisher Michitani Co. Ltd., Tokyo
Printed in Japan
ISBN978-4-89642-566-6　C0095

―― 岡田和也の仕事（翻訳） ――

フセーヴォロド・Ｐ・シソーエフ
岡田和也 訳／森田あずみ絵

極東ロシア・アムールの動物たち

百頭のクマを仕留め、
生後二年の牝トラをひとりでつかまえた経験のある
極東ロシアの狩人、シソーエフ
地理学者、探検家、郷土誌研究家、博物館員
社会活動家、そして、作家――
狩猟や極東調査探検の経験のすべてが創作のもととなり
彼は自身の著作を「鉛筆によるスケッチ」と呼ぶ
学者でも到底追いつけない驚くばかりの博識で
迫真の間合いと喜びが心臓の音が聞こえんばかりに描かれる
森林をかけめぐり、山を越え、
野生動物たちは生き生きと森のなかを歩いてゆく
豊かなアムールの自然をつむぐ
世界的動物作家による、児童読みものシリーズ
＊小学校中学年から

ツキノワグマ物語
全7話　四六判224頁2200円

森のなかまたち
全16話　四六判224頁2200円

未知谷

―― 岡田和也の仕事（翻訳）――

アレクサーンドル・レペトゥーヒン
岡田和也 訳／きたやまようこ絵

ヘフツィール物語

おとぎばなしの動物たちとふたりの女の子の友情についての
たのしくておかしくてほんとうのようなおはなし

ナースチャが生まれると、おはなしの国にも
ウサギのペトローヴィチが生まれました。
ナースチャがパパにおはなしをせがむたび、
やさしいペトローヴィチの冒険が
パパの口から次々と……。
時々、ナースチャにも会いに来て……。

挿絵36点・全21話
＊小学校中学年から

四六判136頁1600円